긍정으로
성공하라

Positive Energy for Your Success

긍정으로
성공하라

성공과 행복한 삶을 위한 긍정의 힘

이인권 저

푸른영토

세상은 바쁘게 돌아간다. 바쁜 것은 시계의 초침이나 분침이 더욱 빨라져서가 아니다. 지구가 생성된 지 46억년, 한반도를 이루는 땅덩 어리의 역사가 약 25억 년이라고 한다. 하지만 그때나 지금이나 시간 의 흐름은 같을 것이다. 지구의 회전 속도가 빨라지지도 않았다. 그 속 도는 앞으로도 영원불변할 것이다. 그런데 인간이 시간의 척도를 만든 이래 왜 유독 우리는 지금 시간이 빠르다고 느끼는 걸까?

하루를 빠듯하게 살아가는 우리가 추구하는 것은 무엇일까? 누구 나 할 것 없이 세월이 빠르다고들 한다. 전에는 통상 자기가 속한 나 이대별로 비례해 시간의 속도감을 비유했다. 하지만 지금은 다르다. 대학교에서 가르치는 대학생들, 그 젊음을 구가하는 20~30대 청춘 세 대에게 물어봤다. 시간이 빨리 가냐고 그랬더니 망설임 없이 그렇다 고 한다.

사회에서 한창 바쁘게 뛸 인생의 성숙기에 든 40~50대 중년층은 당연히 시간이 빠를 것이다. 인생의 종착역을 향해가는 한가로울 것 같은 60~70대 이상의 숙년층은 전에도 그랬으니 지금은 더 빠르게 느낄 것이다. 남녀노소를 불문하고 모두에게 시간이 흘러가는 속도는 한결같이 빠르다. 누구에게나 시간이 부족한 시대에 우리는 허덕이며 살아가고 있다. 이를 두고 세계미래회의WFS의 회장이었던 티머시 맥은 말했다.

"이제 현대인들은 '시간부족사회'에 직면해 있습니다."

그 시간의 여유가 없는 세상에 사람들은 마치 천년만년이나 살 것처럼 아옹다옹 복닥댄다. 그 가운데 우리는 누구나 성공을 추구하며 행복을 갈망한다. 우리가 그토록 갈급해하는 진정한 성공이라는 꽃은 어떤 것일까? 그것은 잠깐 화려하게 피었다 져버리는 한 떨기 장미꽃일 수도 있다. 그 성공에서 얻어진다고 생각하는 행복의 느낌은 아침에 영롱하게 비췄다 증발되는 이슬과 같을 수도 있다.

지나고 나면 신기루 같기도 한 성공과 행복을 쟁취하기 위해 우리는 온 힘을 다해 뛴다. 때로는 그 성공과 행복이라는 굴레 속에서 좌절하고, 실패의 나락에 떨어지기도 하면서다. 그것은 바로 성공을 바라봤지만 출세를 노렸고, 행복을 꿈꿨지만 행운을 기대했기 때문이다.

출세와 행운이 성공과 행복처럼 비춰지는 사회 속에 청춘들이 앓는다. 그리고 중·장년들은 고달프다. 이제는 3포 세대, 5포 세대를 넘어 여러 가지를 포기해야 할 수밖에 없는 이른바 'N포 세대'들이 생겨났다. 그들은 꿈과 희망을 저버린 채 절망과 박탈감에 젖어 있다. 그들의 부모 세대들이 헌신과 노력으로 오늘을 일궈냈지만 자녀들에게는 더 이상 그것이 통하지 않는다. 금수저니 흙수저니 하며 '수저계급론'까지 들먹이게 되었다.

한국의 오늘을 피땀 흘려 일구어온 기성세대들은 그들대로 실망감에 빠져 있다. 신인류 100세 인간의 호모 헌드레드Homo Hundred 시대가 도래 했다며 모두가 기뻐했다. 하지만 베이비부머들에게 다가온 노후의 절박감은 현실이 되어 버렸다. 세상은 장수시대를 대비해야 한다며 긴장감을 주지만 현실은 녹록치 않다. 언론은 동떨어진 물질 수준을 들먹이며 평범한 사람들에게 초조한 마음만 부추기고 있다.

『한국이 싫어서』라는 장강명 작가의 소설이 있다. 한국에서의 분망한 삶에 지쳐 결국 호주로 떠나는 젊은 주인공을 다룬 작품이다. 그 소설 속에 다음과 같은 구절이 나온다.

"한국에서는 딱히 비전이 없으니까. 명문대를 나온 것도 아니고, 집도 지지리 가난하고, 그렇다고 내가 김태희처럼 생긴 것도 아니고, 나 이대로 계속 살면 나중엔 지하철 돌아다니면서 폐지 주어야 돼."

작품의 주인공은 '일단 난 매일매일 웃으면서 살고 싶어'라고 고백한다. 그 주인공처럼 한국을 떠나고 싶어 하는 청춘들은 우리사회의 모순을 지적하고 있다. 집단적인 문화, 사회에 팽배한 성별주의, 끝없이 내

몰리는 경쟁의 굴레. 그래서 인간 존엄의 가치를 찾아 홀연히 이 나라를 떠난다는 내용이다.

그들도 스스로 선택한 외국행이 멀리서 꿈꿔온 유토피아가 아니라는 것을 잘 안다. 하지만 그래도 여기에서 '을'의 인생으로 살아가는 것보다는 낫겠다는 기대다. 한국보다는 개인의 가치가 존중되고, 평등한 대우를 받는 살만한 곳을 찾아 과감히 짐을 꾸리는 것이다.

그 소설의 주인공들은 1%의 출세를 위해 한국에서 희생하며 사는 것을 두려워한 것이다. 그러느니 99%의 성공을 위해 외국행을 선택한 것이지 않을까. 우리 한가운데 1퍼센트의 출세를 거머쥔 '수퍼갑'의 엘리트들. 그들이 세상을 지배하며 독식하는 사회다. 99%의 성공을 이룬 사람들이 이 사회의 주류가 되는 그런 평등한 사회를 갈망한다. 행복한 나라가 되려면 한국 사회의 문화체계는 바뀌는 정도가 아닌 정신적 혁명이 일어나야 한다. 그렇지 않고는 국민소득 3만 달러, 4만 달러의 시대가 된다 하더라도 풍요 속의 빈곤 현상은 더욱 심화될 것이다.

매년 다양한 국제기구에서 국가별 행복도나 긍정지수를 조사해 발표하고 있다. 그 조사결과를 보면 한국의 순위는 언제나 바닥을 맴돈다. 2014년 미국 여론조사기관 갤럽이 공표한 자료를 보자. 한국인이 한 해 동안 느낀 긍정적 감정을 지수로 환산했더니 143개국 중 118위에 불과했다. 한국의 '긍정적 경험 지수'는 59점에 그쳤다. 여기에서 긍정경험지수의 요소는 다음과 같다.

긍정경험지수

- 어제 편안하게 쉬었는가?

- 어제 존중을 받아보았는가?

- 어제 많이 미소를 짓고 많이 웃었는가?

- 어제 재미있는 일을 하거나 배웠는가?

- 어제 즐거운 일이 많았는가?

거창하게 말해 긍정경험지표이지만 사실 들여다보면 평범한 일상에서 느끼고 싶거나 체험하고픈 감정이다. 누구나 실제로 그렇게 되기를 바라는 것들이다. 이 질문들에 '예'라고 답변을 하게 되면 행복한 사람일 것이다. 그런데 조사 결과를 보면 한국인들에게는 결국 '아니요'라는 대답이 더 많다는 얘기다. 한국인의 삶이 얼마나 팍팍한지 알 수 있다. 왜 그럴까? 국내총생산GDP 규모 세계 11번째, 국민소득 2만 8,000달러 시대에 물질이 부족해서일까. 냉장고에 먹을 것이 가득 차 있으면 지구상에 있는 인구 3%에 해당하는 풍요로운 부류에 속한다는데 말이다.

기성세대들의 피땀 어린 노력으로 경제부국을 이뤄냈지만 그에 걸맞는 긍정의 행복감을 심어주지 못했다. 세계 10위권 경제국가에서 2030년이 되면 세계 5대 강국으로 부상할 것이라는 전망이 나와 있다. 그때 가면 행복감도 그에 맞춰가게 될까? 지금처럼 사회가 굴러간다면 과연 국민의 긍정과 행복 지수도 세계 5위쯤 될 수 있을까?

이것이 긍정의 행복감이 중시되는 사회문화체계가 되어야 하는 절실한 이유다. 그것은 모든 사람들이 하나같이 희구하는 최고의 가치이기도 하다. 사회풍조를 탓하기에 앞서 우리 개인 스스로가 변화하지 않으면 안 된다. 바뀌지 않으면 물질적으로 더 풍요로워질 수는 있을지언정 정신적으로 행복해질 수가 없다.

이 책에서는 그러한 긍정가치의 성공과 진정한 행복감을 누리는 지혜가 무엇일까에 대해 초점을 맞춰보았다. 긍정가치가 우리 사회에 은은한 향기가 되었으면 좋겠다. 모두가 행복을 느껴 긍정경험지수가 높아졌으면 하는 간절한 바람이다.

이번에 긍정의 가치를 공감해 주서서 출판을 흔쾌히 결정해 주신 김왕기 사장님과 좋은 책을 만들어주신 편집자님들께 감사의 말씀을 드린다.

2017년 새시대를 내다보는 정초에
이 인 권

나의 전문가 명함에는 '예술경영인, 문화커뮤니케이터, 긍정행복 마스터, 성공강연가, 비전메이커'라고 표기되어 있다. 이것은 그동안 35년 가까이 조직인으로서 활동해오며 가꾸어 온 인생 여정의 핵심 키워드를 모두 담아 놓은 것이다.

'예술경영, 문화소통, 긍정행복, 비전가치, 성공공유'

이 다섯 가지 요소는 내가 다양한 직장, 지역, 영역을 노블리스 노마드처럼 살아오면서 체득한 가치다. 나의 개인생활의 자양분이 되고, 사회생활의 밑거름이 되었다.

이러한 키워드를 바탕으로, 강연을 통해 그동안 기업인, 공무원, 주부여성, 전문가, 직장인, 학생 등 다양한 계층을 만났다. 나는 전문강사도 아니요, 명강사는 더더욱 아니다. 단지 그동안 체득한 수평적 성공가치를 공유하는 자리였을 뿐이다.

이러한 가치철학을 널리 전파하기 위해 국어나 영어로 언론 칼럼을 쓰기도 했다. 다양한 주제로 여러 권의 저술도 해보았다. 어떻게 보면 일반적인 직장인으로서는 쉽사리 해낼 수 없는 다양한 결과물을 만들어 낸 것이다. 그 과정에서 얻은 지식과 지혜의 부산물은 내 인생의 소중한 자산이 되었다. 오로지 나의 부단한 노력과 지치지 않는 열성에서 얻은 결실이라고 할 수 있다.

냉정하게 보면 그 키워드의 어느 특정 분야에서도 내가 최고의 반열에 올라 있지는 않다. 그저 조직인으로 활동하며 자기계발과 끝없는 사유를 통해 체득한 지혜를 베풀기도 하고 나누려고 애써왔을 따름이다. 단지 주어진 운명의 기회를 소중하게 받아들여 열심히 노력한 것뿐이다.

나는 인생의 연륜과 경륜의 테를 더하면서 나름의 긍정 철학을 삼았다. 한국사회에서 출세하기 위해 필요로 하는 학연, 지연, 혈연의 관계를 맺는 데는 익숙하지 못했다. 그러나 감사하게도 언론사와 공공기관에서 봉직하면서 상대적으로 최고의 혜택을 누렸다고 말하고 싶다. 최근까지 직장인으로서는 3%에 내에 든다는 최고 연봉의 대우를 받으며 13년 동안 예술경영자로 활동해 보기도 했다. 그 결과 한국기록원으로부터 대한민국 지식경영 최다 보임 우수 예술경영자로 최초 공식 인증을 받았다.

여기에서 말하고 싶은 것은 긍정이 내재화 되어 있으면 목표를 두지 않아도 성공이라는 기회가 문을 두드리게 된다는 것이다. 출세와는 다른 차원의 기회를 말이다. 나는 인생을 통해 출세는 아니지만 성공을 했다고 믿는다. 우리사회에서 1% 출세한 엘리트보다 99% 성공한 보통 인생이 더 자랑스럽다는 것을 말하고자 하는 것이다.

20대부터 50대가 될 때까지 파벌과 서열주의가 지배하는 한국사회에서 출세가 아닌 성공의 자세로 살아왔기에 가능했다. 생활인으로서 충실하게 살다보니, 조직인으로서 열심히 뛰다보니, 긍정의 힘은 내 인생에 선한 영향력을 끼치게 되었다. 가장 적합한 조직 환경의 예술경영자로 활동할 수 있는 기회가 생각지도 않게 생긴 것이다. 그렇기에 나는 언제나 감사에 감사를 더할 뿐이다.

돌이켜 보면, 내가 거쳐 온 삶의 과정 어느 한 곳도 권력이나, 재력이나, 명예가 있는 자리가 아니었다. 오히려 어디에서나 감정노동을 필요로 하는 위치에 있었다. 지금도 베이비부머 세대의 일환으로서 노후에 대한 고민을 같은 연배와 함께 나누며 살아가는 보통의 한국인일 뿐이다.

나는 떳떳하고 당당하게 성공했다. 사회적으로 명성을 날리는 특출한 사람은 아니었지만 특별한 출세가 아닌 평범한 성공의 체험을 하게 된 것이다. 사람이 인생을 살면서 진정한 행복감이 무엇인지를 깨닫게 되었다.

이 책에서 이러한 성공의 바탕이 되었던 긍정의 힘이 무엇이었는지를 풀어내려 한다. 무조건 최고가 되는 방법이 아니다. 최선의 열정과 성심으로 인생의 행복감을 누리며 성공했던 나의 생각, 감각, 정서, 관점, 철학을 녹여내려 하였다.

함께 성공하는 인생과 행복을 느끼는 사회가 되기 위해 나아가도록
하자. 그러면 누구에게나 허황된 출세보다는 보람된 성공이 찾아오게
될 것이다.

01

아침을 깨우는
성공 모놀로그

길을 가다가 돌이 나타나면 약자는 그것을 걸림돌이라 말하고 강자는 그것을 디딤돌이라고 말한다. | 토마스 칼라일

성공이란 '특별 DNA' 시너지

　독일의 철학자 칸트는 규칙적인 생활을 철저하게 한 사람으로 유명하다. 완벽히 같은 시간에 일어날 뿐만 아니라, 같은 시간에 같은 거리를 같은 속도로 산책하기도 했다. 그 뿐인가. 음료수를 마실 때에도 정확하게 일정한 양을 마실 정도였다고 한다. 성공학의 대가 지그 지글러가 말하길 '동기부여는 오래가지 못하기에 날마다 권하는 것'이라고 했다. 한결같은 길을 걷기 위해서 매일 다짐하며 살아가는 것이다.

　거울 속의 나 자신을 향해 성공을 입으로 되풀이하는 것은 내게 모닝모놀로그morning monologue, 아침의 독백이다. 거창하게 말하자면 매일 아침 내 스스로에게 보내는 '사명 선언서'인 셈이다. '오늘도 성공하겠다'라는 선언인 것이다. 그 선언은 어느 구체적인 목표를 정해 놓은 것은 아니다.

매일 특정한 목표를 정해 놓고 그것을 이루겠다고 하면 그 얼마나 스트레스일까. 성공을 외치면 긍정의 기운이 스스로 판단해 좋은 일이 일어나게 하거나 좋은 느낌 또는 기분을 가질 수 있도록 환경을 만들어준다. 이렇게 하루도 거르지 않고 성공이라는 구호와 함께 시작된다. 나의 하루 생활 중에 기회가 될 때마다 성공이라는 단어의 외침은 계속된다.

밖에서 화장실에 갈 때나, 어느 사무실을 방문할 때나, 지하철을 탈 때나, 식당을 갈 때나, 가게를 들를 때나 내 모습이 비춰지는 거울이나 유리가 있으면 모두가 찬스다. 이렇게 해서 성공을 스스로에게 주입하는 행위가 하루 수십 번은 족히 될 것이다. 물론 주위에 남이 있을 때는 속으로 샤우팅을 하지만. 부지불식간에 성공 메시지가 나의 뇌리에 박히는 일상의 반복학습이 되는 셈이다.

우리는 '오늘'이라는 이름으로 하루를 살아간다. 그 하루가 모여 일주일이 되고, 한 달이 되고, 일 년이 수십 년이 된다. 요즘은 100세 시대를 살아 한평생을 보낸다. 영어 'present'라는 단어는 '오늘'이라는 뜻과 동시에 '선물'이라는 뜻도 있다. 오늘은 우리에게 주어진 선물인 셈이다. 그 선물로 주어진 오늘 하루를 어떻게 시작하는가가 중요하다. 하루의 첫 시작을 시간의 단계대로 나아가다 보면 크게 보아서는 인생을 좌우한다. 그 소중한 하루를 성공이라는 외침으로 열면 얼마나 의미가 깊겠는가? 뜻있는 하루는 뜻있는 일생이 되는 것이다.

독일의 철학자 쇼펜하우어는 이렇게 말했다.

"하루는 작은 일평생이다. 날마다 잠에서 깨어나 하루를 시작하는 것은 새로운 탄생이다."

'하인리히의 법칙1:29:300 법칙'을 역설적으로 적용하면 하나의 위대한 성공을 위해서는 29가지의 크고 작은 성취를 이뤄야 한다. 게다가 29가지의 크고 작은 성취를 하기 위해서는 300번의 긍정적인 자그마한 실천을 해야 한다. 분명 성공을 위해서 지속가능한 실천, 그것이 바로 오늘 내가 해야 할 최선이라는 것을 깨달아야 한다.

이상한 것이 있다. 성공을 입술로 외쳐대고 그것이 습관이 되니 나의 인생이 그렇게 풀렸다. 말하자면 좋은 생각, 좋은 말이 양성순환이 된 것이다. 성공을 계속 되뇌는 습성이 성격이나 인성도 그렇게 바꾸어 놓았다. 결국에는 성공의 유전자가 생성된 것이다. 성공이라는 말에 담긴 에너지가 인생의 시너지로 증폭된 것일까? 중요한 것은 내 인생을 돌이켜 봤을 때 '나는 정말 성공한 사람이다'라고 자신 있게 이야기 할 수 있다는 그 자체다.

'오버로드overload의 원칙'이라는 것이 있다. 한 남자가 매일 어린 송아지를 들어 올려 자신의 신체를 단련해 갔다. 어린 송아지는 하루가 다르게 성장하여 체중도 점점 불어나게 되었다. 그래도 매일 어린 송아지를 들어올렸다. 남자는 어느새 다 큰 소를 번쩍 들어 올릴 정도의 강한 힘의 소유자가 되어 있었다. 이것은 근육은 평소 사용하던 수준 이상의 부하負荷가 주어일 때 그 수준에 견딜 수 있을 때까지 운동 능력을 향상시키려는 생리적 기능을 말한다. 예를 들어 최대 70kg의 역기를 든 사람이 75kg의 역기를 들려고 노력하면 근육은 75kg의 부하에 적응하기 위해 운동 능력을 높이려고 하는 것이다.

이 원칙은 작은 성공의 체험이 사람의 대뇌를 조건반사적으로 움직이게 만들어 더 큰 성공을 체험하도록 하는 습관이 되게 해준다는 의미다. 사고방식의 버릇이자 생각의 틀이 잡히는 것이다.

따져보니 성공을 습관처럼 말로 되뇌는 하루하루의 행동이 내 삶의 방향타가 되고 내 인생의 이정표가 되어 있었다. 인간의 행동 95%는 습관에서 비롯된다고 하니 말이다. 새로운 아이디어를 내고, 창의적인 발상과 생각을 하는 것도 하나의 습관이다. 교육자 호레이스 만은 '습관은 철사를 꼬아 만든 쇠줄과 같다. 매일 가느다란 철사를 엮다 보면 이내 끊을 수 없는 쇠줄이 된다'라고 했다.

우리말 사전에서는 습관을 '한 가지 일이 반복됨으로 마음과 몸에 길들여진 성질'이라고 풀이하고 있다. 세계적인 작곡가들은 각각 특이한 습관을 가졌던 것으로 유명하다. 작곡가 하이든은 프레드리히 대제가 준 반지를 끼고 흰 종이에만 곡을 쓰는 습관이 있었다. 바그너는 완전히 정장을 하고 작곡을 하는 습관이 있었고, 모차르트는 장구를 치면서 작곡을 했다. 그런가 하면 롯시니는 술에 취해야만 작곡을 하고, 크리스토퍼 그럭은 아무도 없는 들판에 앉아서 작곡을 했다. 이 모두가 습관이다.

'떠벌림 효과'란 자신이 달성하고자 하는 목표를 공개적으로 알림으로써 그것을 지켜야 한다는 동기부여와 일종의 긴장감이 생겨나 성공을 하게 되는 원리다.

긍정의 체험은 그저 좋은 일 하나로 잠깐 좋았다 사라지는 일반 체험과는 다르다. 생일날 좋은 선물을 받았다던가, 스포츠 경기를 관람하며 응원하는 팀이 이겼다던가, 직장에서 승진을 했다던가, 반가운 친구를 만났다던가, 좋은 데로 휴가를 다녀왔다든가 등 이벤트적 체험들은 일상생활에서 느끼는 평범한 환희와 감흥들이다. 이러한 감흥들이 계속해서 이어질 때는 그것이 하나의 고리가 되어 긍정체험이 될 수도 있다.

하지만 긍정의 체험이란 그런 굵직한 이벤트들만이 아니다. 소소한 것들에서도 큰 의미를 찾아 그것이 내면화 될 수 있는 체험들이다. 그것은 자체 목적적이어서 자기만의 감동이며, 환희이며, 희열이다. 긍정의 단어가 심어주는 활력감, 칭찬의 말 한마디가 주는 만족감, 격려의 말이 주는 위안감, 대화를 통해 얻는 교류감 등 일상의 사소한 일들이나 상황 속에서 강렬한 행복과 황홀과 경탄을 느끼는가? 인생의 진공 상태 속에 있는 것 같은 현실에서 삶을 설레게 하는 충만감이 느껴지는가? 그렇다면 그것이 바로 긍정의 체험인 것이다.

이러한 영감의 경험들을 심리학자 미하이 칙센트미하이는 '플로우 flow' 곧 '흐름체험'이라고 했다. 말 그대로 이러한 긍정체험들은 그야말로 물이 흘러가듯 만사를 형통하게 하는 활력소라는 뜻이다.

이것은 인간관계의 변화에서도 읽혀진다. 요즘은 인간관계에서 '양'보다 '질'을 우선시 한다. 단체보다는 혼자 지내는 것을 선호하며, 오프라인보단 온라인 소통을 좋아한다. 이러한 경향은 특히 젊은 세대로 갈수록 더하다. 젊은 사람들은 대인관계에 미련을 두지 않으며 불필요하고 소모적인 인간관계에 싫증을 내게 된다. 오죽하면 '관태기관계'와 '권태기'의 합성어'라는 신조어까지 생겨났을까.

사회적으로 과거에는 현실의 충족, 신분의 상승, 공동의 관심이 키워드가 되었으나 현재는 미래의 복지, 신분의 안정, 자기에의 몰입이 현실적인 핵심요소로 떠오르게 되었다. 예를 들어, 대기업을 박차고 나와 공무원 시험 준비를 한다거나, 바리스타나 복지사나 서핑 강사 등 자기가 하고 싶은 일을 다시 시작하는 젊은이들. 또 현재보다 미래를 내다보고 해외로 진출하거나 하는 것은 이런 변화된 시대 조류를 반영하고 있다. 가치의식이 변화한 것이다.

'요즘 젊은 것들의 사표'라는 주제로 〈SBS 스페셜〉이 방송됐다. 이날 방송에서는 치열한 경쟁을 뚫고 대기업에 입사했지만 입사 후 오래되지 않은 기간 만에 퇴사한 사람들의 삶을 따라갔다. 이 방송에서 확인한 젊은이들의 퇴사 이유는 '남들에게 보여주기 위한 삶인 것 같아. 더 나이 먹기 전에 사표를 내고 내 꿈을 찾아가고 싶다'라는 점을 꼽았다. 그러면서 모두 하는 말이 '나는 지금이 행복하다'라는 것이었다.

이렇게 새로운 의미 있는 일을 찾아 과감히 진로를 바꾸는 사람들은 인생에서 '긍정의 체험'이 깃든 삶을 찾아나서는 것이리라. 긍정의 체험은 잠재의식 속에 흐르며 삶을 지탱하게 해주는 활력의 발전기인 셈이다.

긍정의 체험이란 의미가 담긴 체험이다. 인간에게 있어 인생의 의미란 인생이 지니는 가치나 중요성일 것이다. 무의미한 삶을 사는 것보다 진정으로 의미 있는 삶을 사는 것이 가치 있는 인생이다. 여기에서 의미란 아주 주관적인 특질이다. 그 의미는 남이 정해주는 것도 아니고, 남이 판단해주는 그런 성격도 아니다. 오로지 자신만이 느끼고, 인식하고, 인정하는 가치체계다.

아인슈타인은 그의 조국 이스라엘로부터 대통령직을 제의 받았다.

"국회는 만장일치로 당신을 이스라엘 초대 대통령으로 추대 했습니다. 조국을 위해 봉사해 주십시오."

그러나 아인슈타인은 이 제안을 정중하게 거절했다.

"대통령을 하겠다는 사람은 많습니다. 그러나 물리학을 가르칠 사람은 그리 많지 않습니다."

아인슈타인에게 삶의 의미란 대통령이 되는 것보다 과학자로 있는 것이었다. 삶에 있어서 '의미'는 다른 말로 하면 '가치'일 수가 있다.

'의미요법로고테라피·Logotherapy'이라는 것이 있다. 이 이론을 창시한

빅터 프랭클 박사는 인간은 어떤 특별한 목적이 있을 때 생에 대한 욕구가 생긴다는 것을 알아냈다.

세상이 아무리 나에게 최악의 상황을 던져주고 모든 것을 빼앗더라도 나에게는 절대 빼앗길 수 없는 한 가지가 남겨진다. 그것은 그 상황을 어떻게 받아들일 것인지에 대한 나의 선택권이다.

주어진 환경을 어떻게 받아들이느냐는 결국 그 상황에 무슨 의미를 부여하느냐 하는 문제다. 똑같은 조건에서도 그 조건에 어떤 의미를 담아내는지에 따라 삶은 전혀 다르게 펼쳐진다. 사람의 행복과 불행은 어떻게 위기를 바라보며 관리하느냐에 달려 있는 것이다. 최악의 위기가 최상의 기회가 될 수 있는 법이다.

그는 인간의 원초적인 욕구가 바로 '의미에의 의지'와 '삶의 의미'라고 주장하고 있다. '나는 어떤 존재인가?', '나는 무엇 때문에 사는가?' 이러한 원천적 질문에 대한 긍정의 해답을 찾아내는 것이 중요하다. 자신의 실존에 대해 긍정적으로 천착해 나간다면 그것은 심리적, 정서적 건강에 매우 유익하다고 할 수 있다. 의미를 추구하는 존재로서 의미를 향한 욕구가 충족되었을 때 인간은 행복감을 느낄 수 있다는 것이다.

프랭클은 자신의 깨달음을 근거로 의미요법이라는 심리치료 기법을 내놓았다. 이것은 삶에 의미가 결여되어 있는 상태를 치유하는 방법이다. 그는 인간의 무의미, 무의도, 무목적, 공허감의 상태를 '노에제닉 신경증noögenic neurosis'이라고 불렀다. 요즘 흔히 나타나는 삶에 대해 의욕이 없고 살아야 할 가치가 무엇인지에 회의를 느끼는 일종의 공황장애 중

상과 같은 것이다. 인생을 살아가면서 자신에게 어떤 의미를 부여하는
가가 관건이다.

어떤 여건에서도 부정의 의미보다 긍정의 의미를 부여한다면 인생
은 긍정적으로 흘러가게 되어 있다. 사람에게는 어떤 환경에서도 삶의
의미가 있다. 크든 적든 누구에게나 의미 없는 삶은 없기 때문이다. 이
의미를 누구든 찾아내려 하며 그것을 성취했을 때 성공과 행복을 이루
는 것이다. 중요한 것은 의미를 찾아 나설 자유와 선택권은 누구에게나
있다는 사실이다. 그 의미를 자신의 내면에서 찾아보아야 한다.

거울을 들여다보라. 그리고 자신의 좋은 점을 찾아보도록 하라. 스
스로에게 긍정의 메시지를 던져주는 것을 습관들여야 한다. 억지로라
도 '나는 나만의 매력이 있는 사람이야!'라고 자기 자신을 치켜세우고
스스로를 사랑하라는 것이다. 그러면 자기도 모르게 놀라운 일이 서서
히 일어나게 될 것이다. 적어도 자기가 그런 생각을 갖게 되면 그 기운
이 다른 사람에게도 느껴지는 것이다.

세계 최초로 '실천성공과학'이라는 분야를 확립한 일본의 사토 도미
오의 『거울 앞에서 외쳐라』라는 책이 있다. 이 책은 거울을 보며 긍정
적인 말을 하면 우리 뇌의 발현유전자가 작동하게 된다는 것을 강조하
고 있다. 저자는 책 뒤표지에 이렇게 요약해 놓고 있다.

"좋았어, 그래 한 번 해보자!"

"괜찮아, 반드시 할 수 있어."

큰일이 닥쳤을 때 거울 앞에 서서 자신의 모습을 바라보며 이렇게 외쳐보라. 당신을 지배했던 침울한 기분은 어디론가 싹 사라져 버린다. 스스로를 북돋워주는 긍정적인 말을 입 밖으로 소리 내어 외쳐보자. 그 말에 뇌가 자극을 받아 더욱 활성화되어 자신감 넘치는 행동으로 연결될 것이다. 이것이 '나를 변화시키는 말의 힘'이며 '행운을 부르는 마법의 말'이다.

세상에 절대적이고 완전한 행복은 존재하지 않는다. 그런 행복이 있다면 신기루나 다름없다. 그것을 찾고 또 찾았지만 완전한 행복을 잡았다고 생각한 순간 그 행복은 훌쩍 지나간다. 무지개처럼 흩어져 버리고 모래처럼 새어나가 버린다. 붙잡으면 현실이 아니다. 그것은 환상이고 환영이다.

'작은 것', '평범한 것', '갖고 있는 것' 중에서 찾아내는 상대적이고 불완전한 행복이 진정한 행복이다. 그런 행복은 긍정의 생각으로 바라보면 들에 널려진 세 잎 클로버처럼 내 주위에 얼마든지 많다. 솔로몬의 말대로 '헛되고 헛되며 헛되고 헛되니 모든 것이 헛된' 욕심 가득한 행복을 찾아나서는 헛수고는 하지 말아야 한다.

전문가들은 본인 스스로가 자신의 적이 되는 것만큼 어리석은 일은 없다고 말하고 있다. 미국 센트럴 플로리다 대학 심리학과 스테이시 던 교수는 '거울을 보면서 결점을 찾거나 못생겼다는 판단을 하기 보다는 장점을 찾고, 긍정적으로 생각하는데 집중하라'라고 조언한다. 그런 습관을 들이면 어느 날 자신이 평범한 가운데 행복스러운 성공인이 되어 있는 것을 깨닫게 될 것이다.

고대 그리스에 '너 자신을 알라'라고 하는 유명한 격언이 있다. 사실 이 말은 고대 그리스인들이 세계의 중심이라고 생각했던 델포이에 있는 아폴론 신전에 적힌 말이다. 여러 가지 고민거리들을 가지고 신전을 찾아온 사람들에게 아폴론이 내려준 충언이다.

이 권고는 이성이 아니라 감성을 두고 한 말이다. 무슨 일이 일어나더라도 그 느낌을 인식하라는 의미다. 한번 스스로를 통찰해 보는 기회를 갖도록 한 것이다. 곧 나에게 내가 누구냐고 묻는 셈이다. 여기에서 '나는 어떤 존재인가?', '나는 무엇을 하는가?', '나는 왜 사는가?' 등 삶의 의미에 대해 심오한 철학적 사유일 필요는 없다.

그저 편안한 마음으로 내가 내 자신을 들여다보는 것이다. 생각만으로도 말이다. 바쁘게 살아가는 가운데 자신을 한번 생각해 보는 것 자

체로도 의미 깊은 것이다. 일종의 스스로에 대한 '마음 챙김mindfulness'
이다.

마음챙김이란 한마디로 '알아차리기'이다. 내가 하는 어떤 행위나 행
동의 체험에 대해 좋고 나쁜 것을 판단하지 않고 그냥 생각, 감정, 감
각, 느낌 등을 있는 그대로 인식하는 것이다. 이렇게 하기 위해서는 모
든 경험을 열린 마음으로 받아들이며 호기심과 관심을 가져야 한다. 그
러면 모든 것에 새로운 감각과 느낌을 발견할 수 있다.

사람들은 일상에서 아무 생각을 하지 않고 그저 기계적으로 행동을
하는 일이 수없이 많다. 그렇게 매일 반복되는 판에 박은 일들을 생각
하며 '느낌'을 가져보는 것이다. 가령, 식사를 하면 식사를 한다는 그 자
체를 생각하고 입에서 씹히는 질감, 달고 짜고 신 맛을 느끼며 목으로
넘어가는 감각을 알아차리는 것이다.

고대 그리스인들은 인간의 눈과 태양이 하나로 연결되어 있다고 믿
었다. 그래서 아폴론을 태양의 신이자 지혜의 신으로 여겼다. 그리고
눈으로 볼 수 있는 능력은 아폴론의 선물이라고 생각했다. 그들은 인간
이 학문과 예술을 창조할 수 있는 것도 눈으로 세상을 볼 수 있기 때문
이라고 했다.

자신을 안다는 것은 말처럼 쉽지 않다. 그렇지만 자신부터 알아가는
것이 세상을 알아가는 첫걸음이다. 그런데도 우리는 남에 대해서는 알
려고 하면서 자신을 들여다보는 '내관內觀'에는 소홀하다. 내관이란 '자
기의 의식 상태나 경험을 내면적으로 관찰하는 것', 또는 '마음을 고요

히 하여 자기 자신의 내적 상태를 자세히 관찰하는 것'을 의미한다. 궁도에서 활을 쏠 때 가장 중요한 것은 궁수가 먼저 눈을 마음에 맞추는 내관이다. 말하자면 자기 자신의 정신 상태나 경험을 스스로 살펴보는 '내성內省·introspection'인 것이다.

그렇다면 눈으로 무언가를 볼 수 있다는 것은 창조의 지혜라 할 수 있다. 밝은 태양 아래 우리가 세상을 바라보면 모든 사물이 명료하고 분명하고 확실하게 보인다. 그렇듯 내가 내 자신을 눈으로 보면 나의 외면이 명명백백하게 보이며, 한 껍질 속의 내면도 볼 수 있다. 내가 내 자신에게 거울을 보며 말을 건넨다는 것은 아주 의미 깊은 '사건'이 아닐 수 없다.

나라는 조직의 시스템과 소통을 하는 격이니 이는 스스로 나 자신을 관리하는 것이며 운영하는 것이다. 내가 나의 경영자가 되는 셈이다. 스스로에게 긍정의 메시지를 각인시키는 것이니 이는 '셀프 커뮤니케이션'이자 '석세스 커뮤니케이션'인 것이다.

어떤 말이든 자신을 향해 반복해서 꾸준하게 내뱉는 습관을 길러보라. 물론 그것은 긍정적인 말이어야 한다. 그러면 인생이라는 항로 네비게이션에 그대로 입력된다. 긍정이라는 GPS가 인생의 진로를 운행하여 성공으로 이끌어줄 것이다. 이처럼 수월한 방법이 어디에 있을까? 단지 그 쉬운 것을 꾸준히 실천하고 실행하기에 달렸다. 끈기 있게 실행하는 반복의 결과는 엄청나다.

잭슨 부인이라는 사람이 있었다. 그녀는 뜨개질을 무척이나 좋아했다. 그런데 불행히도 그녀는 시력이 무척 나빠 뜨개질을 하기만 하면 눈이 쑤시고 아파서 계속 할 수가 없었다. 주변 사람들은 이 같은 사실을 알고 있었다. 그런데 그녀가 입고 있는 거의 모든 옷들이 그녀가 손수 짠 것이라는 말을 듣고 놀라지 않을 수 없었다.

어떻게 그렇게 할 수 있을까하고 궁금해 하는 사람들에게 그녀는 다음과 같이 이야기 했다.

"저는 하루에 한 줄 씩 짜지요. 제가 실컷 짜보았자 한 줄이랍니다. 하지만 하루에 한 줄씩 짜도 1년이면 옷을 한 벌 지을 수 있답니다."

대부분의 사람들은 작은 일은 너무 하찮아서 시작조차 하지 않으려 한다. 혹 시작했다 하더라도 곧 단념해 버린다. 자신의 삶 속에서 할 수 있는 아주 작은 일에서부터 잭슨 부인처럼 해보자. 그녀처럼 끈질기게 참아 나간다면 언젠가는 아름다운 것을 만들어 낼 수 있을 것이다. 0%냐 0.1%냐는 아주 미미해 보이지만 그것은 엄청난 차이다. 불가능이냐 가능이냐를 결정짓는 수치이기 때문이다.

우리 속담에 '밑져야 본전'이라는 말이 있다. 세상만사가 노력을 했다 해서 다 이뤄지는 것은 결코 아니다. 노력한다 해서 모든 게 뜻대로 된다면 그건 세상의 이치가 아니다. 하지만 아주 작은 노력이라도 해본다면 손해 볼 일은 없다. 작더라도 노력 자체를 하지 않으면 꿈이 현실에서 일어날 가능성은 제로인 것이다. 일단 노력을 하면 확률의 차이일 뿐이지 실현 가능성은 있는 것이다.

　심리역학에 의하면 인간의 심리에 가장 크게 영향을 미치는 것은 사람과 사람 사이의 거리다. 그래서 인간은 자기와 가장 가까이 있는 사람에게서 가장 강렬한 심리적 영향을 받게 되어 있다.

　사람이 태어나기 전에 태아로 있을 때 가장 가까운 사람은 바로 엄마다. 그래서 태아가 엄마의 자궁에 있을 때 엄마의 말 한마디 한마디는 태아에게 영향을 준다. 엄마와 아빠가 태아와 나누는 모든 말을 '태담'이라고 한다. 실제로 태아가 뱃속에서 듣던 엄마와 아빠의 음성을 기억한다는 보고도 있다. 그래서 심지어 태아에게도 좋은 말을 해주고 긍정적인 내용을 들려주면 태아의 존재감을 높이는 데 좋은 영향을 주게 된다. 대화는 긍정적이면서 감성적일수록 태아를 더욱 편안하게 해준다.

　그렇다면 태어나서 독립적인 인격체로 성장한 다음에 자신과 가장 가까운 거리에 있는 사람은 누구일까? 바로 자기 자신이다. 그 가까운 자신과 내가 대화를 나눈다는 것은 가장 막강한 영향을 미치게 되어 있다. 아무리 속삭이는 소리라도 초밀착 거리의 시공간에 있는 자신에게는 확성기처럼 강력하게 전달된다. 그래서 내가 매일 거울 속에 비친 나를 마주하며 긍정의 말을 외칠 때 그 효과가 어떨까 충분히 상상이 될 것이다.

　자신이 무심코 내뱉는 말 한마디가 환경을 좋게도 나쁘게도 만든다. 나아가 인생을 성공이냐 실패냐 갈라놓는 것이다. 문제는 이러한 긍정의 훈련이 하루 이틀에 결과가 나오는 것이 아니다. 시간과 정성을 들여 꾸준하게 지속해야 한다.

긍정의 힘은 아주 작은 것에서부터 길러진다. 긍정의 싹은 아주 미세한 정신의 세계에서부터 트는 것이다. 물질의 최소 단위로 알려진 분자나 원자의 세계인 나노nano 수준의 긍정이라도 노력하면 생겨나게 되어 있다. 이것이 지나고 나면 인생을 송두리째 바꿔놓는 폭발력을 발휘하게 되는 것이다.

운동에서 개인기 선수들은 성공체험을 맛보게 하는 것이 중요하다. 유망한 선수를 선별하여 처음 한동안은 그 선수가 쉽게 물리칠 수 있는 상대와 대전을 시켜 이기는 것을 느끼도록 한다. 그러면서 서서히 강한 상대를 맞붙여놓아 성공을 하게 한다.

이런 승리감을 체험하도록 하면서 기량을 끌어올리고, 자신감을 갖게 하고, 그것이 원동력이 돼 파워풀한 경기력을 갖추도록 한다. 이러한 작은 성공 체험이 거듭되고 쌓이면 커다란 자신감이 생겨나 무슨 일이든 밀고 나갈 수 있는 추진력이 솟구치게 된다. 이런 것이 다름 아닌 긍정의 힘인 것이다.

세상을 변화시키는 말의 힘

　침팬지와 인간의 DNA 분석을 해보면 98.7%의 유전자가 똑같고 단 1.3%의 차이가 난다고 한다. 단지 약 1% 정도가 절대적인 변수가 되어 고등생명체인 인간과 하등동물인 침팬지로 구분되어진다. 여기에다 만물의 영장인 인간으로 군림하는 가장 큰 차별성과 특징은 바로 말을 할 수 있다는 점이다. 인간의 세계에는 약 7,000개의 언어가 있다고 한다. 그 많은 언어들이 시대와 환경에 따라 소멸되기도 하고, 또 새로 만들어지기도 한다.

　1%의 힘은 대단하다. 그 아주 작은 1%가 100%의 효과를 낼 수가 있다. 겨우 1%가 무슨 힘이 있을까? 1% 자체는 별 것 아니겠지만 하나하나의 벽돌이 쌓여 웅장한 건축물이 되는 것을 생각해 보라. 작은 출발, 작은 노력, 작은 정성, 작은 배려가 모아지면 나중에 큰 결실을 맺게 한

다는 것을 생각해야 한다. 그게 바로 성공이다.

어떤 일이 시작될 때 생기는 아주 작은 변화가 결과에서는 매우 큰 차이를 만들 수 있다는 '나비효과Butterfly Effect'도 있지 않는가. 말하자면 오늘 서울에서 공기를 살랑이게 한 나비의 날갯짓이 다음 달 북경에서 폭풍우를 몰아치게 할 수 있다는 것이다.

미키타니 히로시는 『라쿠텐 스타일』에서 이렇게 말하고 있다.

"오늘은 어제의 나를 이겨야 한다. 매일 1%의 개선을 1년간 지속한 것만으로도 1.01을 365일로 제곱한 수치, 무려 37.78배 만큼 실력이 늘어난다. 항상 개선하고 전진하면 평범한 사람도 비범한 사람이 될 수 있다."

모든 것을 한순간에 바꾸는 것은 쉽지 않다. 아주 작은 단위로 쪼개어 반복하는 스몰 스텝small step이 효과적이다. 그것은 마음먹기에 따라 쉽게 실천할 수 있다. 노력과 열정을 1% 더하는 것, 생각과 행동을 1% 바꾸는 것, 그러면 결과적으로 가능성은 열 배, 백 배가 더 커질 것이다.

경쟁에서 다른 사람보다 100% 더 낫게 하겠다는 것은 현실적으로 불가능하다. 그 대신 경쟁자보다 1% 더 잘 하겠다는 말은 얼마든지 실현 가능한 것이다. 실제로 올림픽 달리기 경기에서 금메달을 딴 선수는 결국 메달에서 멀어진 4등보다 단지 1%가 더 빨랐을 뿐이다. 매사에 작은 변화를 시도하면 성취하고자 하는 결과에 대단한 영향을 줄 수 있는 힘이 된다.

인간에게 주어진 최고의 혜택인 말을 1% 긍정으로 바꾸는 노력을 해보라. 언어습관을 1%만 개선하면 인생을 성공으로 전환시키는 분기점이 될 것이다.

말의 힘에 대해 유대인의 신비주의자였던 아브라함 쿠크는 '말 한마디가 세계를 지배한다'라고 했다. 그런가 하면 퓰러는 '가장 훌륭한 말은 가장 훌륭한 무기다'라고도 했다.

피아노의 천재로 불렸던 잔 파데레우스키의 이야기다.

붉은 머리카락을 가진 폴란드 소년이었던 그는 유명한 피아니스트가 되는 것이 소원이었다. 이 소년이 음악학교에 입학을 하게 됐다. 그런데 선생님으로부터 매우 비관적인 말을 듣게 된다.

"네 손가락은 너무 짧은데다 굵구나. 거기다 유연성도 부족하고 말이야. 차라리 다른 악기를 선택하도록 하지."

소년은 낙심했다. 그러던 어느 날 한 만찬회에서 피아노를 칠 기회가 있었다. 식사가 끝날 무렵, 한 신사가 소년의 등을 두드리며 이렇게 말했다.

"너는 피아노에 탁월한 소질을 갖고 있구나. 열심히 노력해 보거라."

소년은 중년 신사의 격려에 크게 고무되었다. 이 노신사의 이름은 작곡가 안톤 루빈스타인이었다. 소년은 그 날부터 하루에 일곱 시간씩 피아노를 연습하기 시작했다. 그리고 마침내 세계를 깜짝 놀라게 한 피아니스트로 성장한 것이다.

이처럼 격려의 말 한마디가 한 인생을 좌우하는 결정적인 영향력을 끼친다는 것을 알 수 있다.

미국의 36대 대통령이었던 린드 존슨은 96킬로그램이 넘는 몸무게로 고민했다. 존슨은 체중감량을 위해 몇 번 노력했으나 실패했다. 그의 아내는 '만일 당신이 자신을 조절할 수 없다면 국가도 경영할 수 없을 것'이라고 말했다. 존슨은 이 말을 마음 깊이 새기고 노력한 결과 80킬로그램까지 뺄 수 있었다. 그의 아내에게 의미 있는 말 한마디를 듣고 다시 시도하여 성공할 수가 있었다.

말에는 '뼈에 새길 만큼 강하게 박힌다'라는 각인효과가 있다. 그래서 우리가 늘 쓰고 있는 말대로 뇌에 새겨져 그대로 되는 것이다.

'인간은 자기 말에 세뇌되는 동물'이다.
긍정적, 전향적, 희망에 찬 말을 하면
뇌도 그런 방향으로 움직인다.
자꾸 반복하면 무의식 깊이 그 말이 각인되며
뇌의 자동 유도 장치에 따라 그 방향으로 가게 된다.

사람은 태어나서 죽을 때까지 계속 말을 한다. 학자의 연구에 따르면 한 사람이 평생 5백만 마디의 말을 한다고 한다. 그 많은 말 중에서 우리는 얼마나 좋은 말을 하고 살까? 원석을 갈고 다듬으면 보석이 되듯 말도 갈고 닦고 다듬으면 보석처럼 빛나는 예술이 된다. 같은 말이라도 때와 장소에 따라 의미가 다르다.

인생은 자신이 하는 말대로 흘러가게 되는 관성의 법칙이 있다. 그렇기에 좋은 말을 쓰면 좋은 인생, 나쁜 말을 쓰면 나쁜 인생이 되는 법이다. 우리가 아무 뜻도 없이 입술로 내뱉는 말이 듣는 사람에게 축복이 될 수도 있고 아니면 저주가 될 수도 있다. 성공하는 사람들의 비결은 타고난 능력이 아니라 말을 비롯해 생활습관이나 사고방식에 있는 것이다.

러시아의 위대한 작가 톨스토이에 대한 일화다.

어느 날 길을 가고 있을 때 한 거지가 길을 막으며 구걸을 해왔다. 톨스토이는 주머니를 뒤져보았지만 마침 돈이 한 푼도 없었다. 그는 미안해하며 거지에게 말했다.

"미안하구려, 형제여, 안타깝게도 지금 내겐 돈이 한 푼도 없소."

그러자 거지가 허리를 구부리며 이렇게 말했다.

"선생님, 누구신지는 모르나 당신은 제게 돈 이상의 귀한 것을 주셨습니다. 저를 형제라고 불러주신 것입니다. 정말 감사합니다."

진심에서 우러나오는 다정하고 따뜻한 말 한마디는 상대방의 영혼까지 부유하게 해준다. 사랑의 말, 행복의 말, 감사의 말, 감동의 말, 축하의 말을 하는 습관을 들이는 것은 중요하다. 긍정의 말을 쓰는 습관을 길들이는 것이 인생에서 성공과 행복의 길로 들어서는 지름길이다. 시인 롱펠로는 '내뱉는 말은 상대방의 가슴속에 수십 년 동안 화살처럼 꽂혀 있게 된다'라고 했다.

'설망어검舌芒於劍', 혀는 칼보다도 더 날카롭다. 오천년 유대인의 지혜와 슬기를 모아놓은 『탈무드』에 이런 이야기가 나온다. 어느 날 상인 한 사람이 거리에서 '인생을 행복하게 사는 비결을 팝니다!'라고 외치고 있었다. 그러자 지나가던 수많은 사람들이 그 비결을 사겠다고 몰려들었다. 그들 중에는 유대교의 현인 랍비rabbi들도 끼여 있었다. 서로가 앞다투어 그 비결을 사겠다고 아우성을 치자 상인이 말을 꺼냈다.

"행복한 인생을 사는 비결은 다름 아닌 바로 자신의 혀를 조심해서 쓰는 것이요."

성경에는 또 이런 글이 있다.

"지혜 있는 자의 혀는 지식을 선히 베풀고 미련한 자의 입은 미련한 것을 쏟느니라. 온량溫良한 혀는 곧 생명나무라도 패려한 혀는 마음을 상하게 하느니라."

　1920년대, 뉴욕의 어느 추운 겨울이었다. 가난한 한 노인이 '나는 시각 장애인입니다'라고 적힌 푯말을 앞에 놓고 사람이 많이 다니는 공원에서 구걸을 하고 있었다. 하지만 지나가는 사람 한두 명만 적선할 뿐그를 눈여겨보는 이는 많지 않았다. 그러다 또각또각, 한 남자의 구두소리가 멀리서 들리는가 싶더니 점점 시각 장애인 앞으로 다가왔다. 멈춰서서 잠시 머물다가 자리를 떠나는 남자. 얼마의 시간이 지났을까, 시각 장애인의 적선 통에 쩔그럭쩔그럭 동전 떨어지는 소리가 끊이지않았다. 무엇이 사람들의 시선을 끌고, 생각을 바꾼 것일까? 푯말에는다음과 같은 문구로 바뀌어 있었다.

　"봄이 곧 옵니다. 그런데 저는 그 봄을 볼 수 없답니다Spring is coming soon, but I can't see it."

　이 글귀를 바꿔준 사람은 유명한 프랑스의 시인, 앙드레 불톤이었다.

무의식에 뿌리는 말의 씨앗

정신분석의 창시자인 프로이드의 말에 따르면 인간에게는 두 개의 의식이 있다고 했다. 인간의 마음속에 10%를 차지하는 현재의식, 90%를 차지하는 잠재의식이다. 바로 이 잠재의식이 인간의 생각이나 행동을 지배하는 놀라운 무의식의 힘이다. 이런 힘이 사람에게 보이지 않는 '오러aura·靈氣'를 발산시키기도 한다. 무의식은 사람의 정신과 신체를 완전하게 지배한다. 잠재의식은 우리가 몇 번이고 반복해서 마음에 또렷하게 새겨 놓은 것은 반드시 실현시키는 만능의 힘을 지니고 있다.

빌게이츠는 현재의식을 통해 잠재의식 속에 부자를 심었다. 그러자 그 의식들이 항상 그의 생각이나 행동을 제어하게 되었고 자연스럽게 부자가 되는 환경이 만들어졌다.

빌 게이츠가 고백했다.

"내가 부자가 된 비결은 바로 이겁니다. 나는 매일 스스로에게 두 가지 말을 반복합니다. 그 하나는 '왠지 오늘은 나에게 큰 행운이 생길 것 같다'이고, 또 다른 하나는 '나는 무엇이든 할 수 있다'라는 것입니다."

동서고금을 막론하고 현자들은 하나같이 혀를 조심하고 말을 잘 다룰 것을 강조해 왔다. 자신이 온종일 떠들어댄 말은 그대로 지워지지 않고 마음속에 기록으로 남는다. 그것이 씨실과 날실이 되어 자기 인생을 직조하게 되는 것이다.

하찮은 말 한마디, 언사 하나라도 인생이라는 모자이크를 채워나가는 데에 결정적인 조각의 결합체가 될 수 있다. 그렇기 때문에 삶에서 품격 있는 말을 구사하는 사람은 품격 있는 문화인이 되는 것은 당연하다. 반대로 비천한 말을 쓰게 되면 천박한 사람이 될 것이다.

누구에게라도 선한 말로 기분 좋게 해주어라. 좋은 기운의 파장이 주위를 둘러싼다. 입에서 나오는 대로 말하지 말라. 체로 걸러서 칭찬, 감사, 사랑, 용서, 위로, 감동의 말 곧 긍정의 말을 많이 사용하면 인생이 달라진다. 그러면 인생의 불량률은 제로가 될 수 있다.

자신이 하는 말은 바로 자신의 인격을 나타낸다. 말이라는 예술을 어떻게 연출하는가에 따라 인생이 명작이 되기도 하고 졸작이 되기도 한다. 훌륭한 인생은 말言을 잘 조각한 결과다. 마치 말馬을 잘 다루는 조런사처럼.

자신의 인생은 스스로 하는 말에 의해 결정된다. 그 어떤 역술가나 점쟁이보다도 스스로가 어떤 말을 쓰는지를 잘 관찰해 보라. 그러면 자신의 미래를 누구보다 더 잘 내다볼 수 있을 것이다.

말을 어떻게 구사하는가에 따라 인생의 진로를 가늠하게 하는 잣대가 된다. 따라서 의식적으로 말의 습관을 잘 길들이는 것은 인생을 아름답게 가꾸는 지름길이다. 자신이 자주 입으로 하는 말이 궁극적으로는 내 인생이 되는 법이다.

포브스 잡지가 선정한 세계에 영향력 있는 100명 중 한 명으로 뽑힌 오프라 윈프리. 그녀가 흑인 여성으로 최악의 운명을 딛고 일어난 데는 언제나 감사의 말이 가져다 준 힘이 있었다. 그녀는 모든 것에 대해 감사해했다. 그리고 언제나 그 마음을 주위 사람들에게 표현했다. 그녀는 말한다.

"세상은 감사하는 자의 것이다. 내 인생에서 어떤 일이 일어나든 감사하는 법을 배웠을 때, 기회, 사람들과의 관계, 부까지도 내게로 다가왔다. 감사해야 할 것에 제대로 감사를 표하는 것과 역경, 고통, 슬픔같이 쉽게 감사하기 어려운 것에도 기꺼이 감사할 때 인생은 분명 천국이 된다."

그런 감사의 자세로 오프라 윈프리는 미국 방송계의 살아있는 전설이자 토크쇼의 여왕이 되었다. 그녀의 말이 밑바탕이 되어 정서적 커뮤니케이션을 가능하게 한 것이다. 모든 사람들을 포용하며 공평하고 따뜻하게 만드는 그녀는 말에 대해 이렇게 언급한 적이 있다.

"당신이 바라거나 믿는 바를 말할 때마다 그것을 가장 먼저 듣는 사람은 당신입니다. 그것은 당신이 가능하다고 믿는 것에 대해 당신과 다른 사람 모두를 향한 메시지가 되는 것입니다."

20세기 연필 드로잉 여성 일러스트레이터였던 미국의 플로랑스 스코벨 쉰이 있다. 그녀는 천부적인 재능으로 여러 저명 잡지와 책의 삽화를 그려 명성을 떨쳤다. 그 성공의 지혜를 저술로 펼쳐낸 작가로도 유명하다. 그녀가 펴낸 수많은 저서 가운데 『말의 힘』이 있다. 그녀는 '말이야말로 인간에게 되돌릴 수 없는 가장 막강한 괴력을 발휘하는 마술지팡이'라며 이렇게 이야기했다.

"삶은 부메랑이며 메아리다. 우리들의 생각, 말, 행동은 언제가 될지 모르나 틀림없이 되돌아온다. 그리고 정확하게 우리 자신을 그대로 명중시킨다. 말에는 창조의 힘이 숨어있다. 원하는 것을 말하고 또 말하라. 그래서 무엇보다도 말을 통제하는 힘을 길러야 한다. 그래야 인생을 제어하는 힘도 생겨난다."

'통제의 법칙Law of Control' 이라는 것이 있다. 자신이 삶을 제어하고 있다고 생각하게 되면 스스로에 대해 긍정적인 느낌을 갖게 된다. 그 반대로 삶을 제어하지 못하고 있다고 생각하거나, 외부의 어떤 것이 자신의 삶을 제어한다고 생각하게 되면 스스로에 대해 부정적인 느낌을 갖게 된다는 법칙이다. 한마디로 통제의 법칙은 스스로의 인생을 스스로 통제한다는 것이다.

자신의 삶을 제어한다는 것은 다른 말로 자기를 관리한다는 것과 다름없다. 성공하는 사람들은 자기 관리력이 뛰어난 사람들이다. 그들은 남이 하지 않는 자기만의 긍정적인 생각이나 말 또는 행동을 하게 된다. 자기 스스로의 통제력을 갖지 못하고 타인의 그늘에서 안주하거나 남에게 편승하려는 자세는 성공적이지 못하다.

프랑스 곤충학자 장 앙리 파브르가 날벌레들의 생태를 주의 깊게 관찰하던 중 매우 재미있는 사실을 발견했다. 날벌레들은 앞에 있는 다른 놈이 돌기 시작하면 방향도 이유도 없이 앞에서 날고 있는 놈을 따라서 무턱대고 그냥 빙빙 돌더라는 것이다. 빙빙 돌고 있는 날벌레들은 눈앞에 먹을 것을 주어도 거들떠보지도 않고 계속 돌기만 하는데, 무려 7일 동안 돌다가 결국은 굶어 죽어버린다는 것이다.

한 통계자료에 의하면 파브르가 관찰한 날벌레의 모습으로 살아가는 인생이 전체 인류의 87%에 이른다고 한다. 믿어지지 않는 수치지만 목적 없이 살아가는 사람들이 의외로 많다. 그들이 성공하지 못하는 것은 기회나 능력이 부족해서가 아니다. 그저 타성에 젖어서 살아가기 때문이다.

조엘 오스틴 목사는 미국에서 가장 영향력 있는 목회자다. 그는 『믿는 대로 된다, 긍정의 힘Your Best Life Now』에서 다음과 같이 말하고 있다.

"우리 각자는 누군가에게 영향을 주면서 살아간다. 굳이 리더가 아니더라도 나름의 세력 범위를 가지고 있다. 우리는 영향을 미치는 상대에게 '좋은 말'을 던져야 한다. 좋은 말을 한다는 것은 상대에게 반박하지 말라는 뜻도, 잘못을 지적하고 고쳐 줘야 한다는 뜻도 아니다. 전반적인 분위기가 긍정적인 말을 하라는 뜻이다."

긍정의 말을 하겠다는 의지를 갖고 행동으로 옮기는 것이 중요하다. 행동으로 반복해야만 습관이 되는 법이다. 긍정적인 말을 습관적으로 하는 사람은 부정적인 말을 습관적으로 하는 사람보다 더 밝고 활력이 넘친다. 그렇기에 성공인이 되고 승리자가 되는 것이다. 습관적으로 하는 긍정의 말은 자기 암시와 자기 세뇌를 일으켜 그 방향으로 행동을 유도하게 된다. 마침내는 하고자 하는 일을 성취시키게 되는 것이다.

성공과 거리를 두고 있는 사람들은 말만 앞서고 행동으로 옮기는 것에 인색하다. 말하자면 'NATONo Action Talking Only'습성으로 살아간다. 성공한 사람과 보통 사람의 차이는 지능이나 재능, 능력이 아니다. 바로 습관의 차이다. 좋은 습관이 되면 그것은 자기 잠재력을 최대한 발휘하여 보다 높은 수준의 성공을 달성할 수 있게 해준다.

존 호머 밀스는 '우리의 인생은 어떤 일이 생기느냐에 따라 결정되는 것이 아니라 우리가 어떤 태도를 취하느냐에 따라 결정되는 것이다'라고 했다. 선현들은 한결같이 먼저 행동하면 그에 따라 생각도 변한다고 설파하고 있다. 그들의 얘기를 더 들어보자.

경영사상가 리처드 파스칼이다.

"사람은 생각을 통해서 새로운 행동양식을 얻는 것이 아니라 행동을 통해서 새로운 사고방식을 얻는다."

철학자 아리스토텔레스다.

"인간은 특정한 방식으로 끊임없이 행동함으로써 특정한 성격이 된다."

화가 빈센트 반 고흐도 강조한다.

"확신을 가져라, 아니 확신에 차 있는 것처럼 행동하라. 그러면 차츰 진짜 확신이 생기게 된다."

현실이 되는 글의 힘

목표를 기록으로 남겨 지속적으로 상기하게 되면 우리의 뇌는 끊임없이 그 목표를 향해 움직이게 되어 있다. 그것은 목표에 대한 생각이 자기도 모르게 습관화되기 때문이다. 자기계발과 성공학의 대가 지그지글러는 '목표를 종이에 기록하기 전까지는 그 어떤 의도나 계획도 토양 없는 곳에 뿌려진 씨앗과 같은 것이다'라고 했다.

그렇기에 일단 기록으로 저장된 목표는 별다른 노력을 들이지 않더라도 그 방향으로 이루어지게 된다. 기록이 강렬한 에너지를 발산하기 때문이다. 어느 통계에 의하면 90% 정도의 사람들은 목표 없이 인생을 살아간다고 한다. 어떤 목표든 종이에 기록으로 남기며 살아가는 사람은 단 3%에 불과하다. 구체적이든 추상적이든 자신의 목표를 글로 적어 수시로 환기하며 살아간다는 것 자체가 성공의 길을 걷고 있다고 할 수 있다.

세상의 성공법칙은 간단하다. 긍정적인 가치를 담은 어떤 목표라도 글로 적어 수시로 접하고 입으로 외쳐보라. 마술의 묘기처럼 자신도 모르게 원하는 게 이루어지는 것을 체험할 수 있게 된다. 자신이 바라는 바를 생각하고, 기록하고, 마음속에 그리고, 실제로 행동으로 옮기면 놀라운 결과를 체험할 수 있다. 기록은 두뇌를 목표 지향적으로 설정해 주며 실현 가능하도록 만들어 준다.

사람들이 꿈을 갖는다는 것은 다가올 미래의 일들에 대해 머릿속에서 그려내는 것을 말한다. 곧 상상하는 것이다. 상상이 상상으로 끝나지 않기 위해서는 메모하고 시각화해야 한다. 메모를 보면서 기억하고 새로운 상상을 하는 원동력으로 만들 수 있다.

긍정적인 성공의 자아상을 만드는 세 단계인 '3V' 원리는 다음과 같다. 성공의 이미지를 시각적으로 상상하고 그리는 시각화Visualize, 자신이 원하는 이미지를 언어로 표현해내는 언어화Verbalize, 자신이 원하는 생각을 행동으로 실행하는 행동화Vitalize다. 이 3V 원리를 바탕으로 꿈을 이루기 위한 10가지 방법이 있다.

 1 계획을 시각화하라

목표나 계획표를 눈에 띄는 곳에 붙여두고 수시로 마주쳐라.

2 세운 계획을 세분화하라

일별, 주간별, 월별, 분기별, 년별로 구체적으로 구분해 생각하라.

3 주저하는 시간에 시도하라

이것저것 소심하게 고려하지 말고 일단 행동으로 옮겨라.

4 한번 세운 계획을 준수하라

계획은 주도면밀하게 수립하되 너무 자주 변경하지 말라.

5 실패를 너무 의식하지 말라

성공의 열매는 실패의 밭에서 키워낸 결과라는 것을 명심하라.

6 일의 우선순위를 정하라

계획된 일의 완급을 따져가면서 시간과 자원을 알맞게 배분하라.

7 주변 환경에 굴복하지 말라

주위의 여건이 변하더라도 초심을 잃지 말고 꾸준하게 나가라.

8 어떤 난관이라도 겁내지 말라

아무리 어려운 상황이 있어도 솟아날 구멍이 있다는 것을 믿어라.

9 끝까지 힘을 다해 완주하라

모든 일은 단거리가 아니라 마라톤이란 자세로 인내를 발휘하라.

10 할 수 있다는 확신을 가져라

스스로에게 힘을 주고 응원하며 격려를 하는 생동력을 가져라.

베스트셀러 자기계발서 『마시멜로 이야기』로 유명한 작가 호아킴 데 포사다는 말한다.

"기록은 행동을 지배한다. 글을 쓰는 것은 시신경과 운동 근육까지 동원되는 길이기에 뇌리에 더 강하게 각인된다. 결국 우리 삶을 움직이는 것은 우리의 손이다. 목표를 적어 책상 앞에 붙여두고 늘 큰 소리로 읽는 것, 그것이 바로 삶을 디자인 하는 노하우다."

리더십의 대가 존 맥스웰은 이렇게 말하고 있다.

"우리 중 약 95%의 사람은 자신의 인생 목표를 글로 기록한 적이 없다. 그러나 글로 기록한 적이 있는 5%의 사람 중 95%가 자신의 목표를 성취했다."

성공연구가 나폴레온 힐도 기록을 강조한다. 성공하기를 바란다면 무엇보다 먼저 인생의 목표에 대해 완전하게 기록하며 서명, 날인할 것을 내세우고 있다. 그렇게 해 뇌리에 자꾸 새기라는 것이다. 더불어 확립된 목표를 왜 달성해야 하는지도 기록을 해두라 요구한다.

긍정의 메시지를 글로 적어두고 동시에 소리 내어 말로 하게 되면 실현될 가능성은 한층 더 커진다. 자신이 쓰고 말한 것을 가장 먼저 듣는 사람, 가장 귀담아듣는 사람은 바로 나 자신이기 때문이다. 결국 자신이 적어두는 글과 입으로 하는 말은 자기 인생을 결정하게 되는 법이다.

자신이 원하는 바를 글로 기록하고 말로 외치는 훈련을 거듭해보라. 반드시 그 소망이 때에 맞춰 현실로 나타나게 되어 있다. 반복의 힘은 놀라운 것이다. 스포츠 선수들은 바로 이 원리를 이용한다. 운동과 정신훈련을 거듭한 결과로 올림픽과 같은 대회에서 메달을 거머쥐게 되는 것이다.

1990년대 후반 미국 펜실베니아 대학의 셀리그만 교수는 '긍정 심리학'positive psychology'을 주창한 것으로 유명하다. 그는 긍정적 사고가 실패를 극복하고 일어서는 데 크게 작용함을 제시했다. 성공하는 모든 사람들에게 해당하는 말이다.

위대한 반복의 힘

반복의 힘을 강조하면서 떠오르는 연예인이 있다. 요즘 쉽고 재미있는 클래식 공연과 음악해설로 인기를 끌고 있는 개그맨 김현철이다. 그는 '어설픈' 클래식 지휘를 통해 관객을 웃음의 도가니로 몰아넣으며 승승장구하고 있다. 진지해야할 클래식 연주에 순간순간 개그 몸짓을 섞어가며 '난 지휘 퍼포머'라며 당당해 하는 모습이다.

사실 그는 악보도 못 읽고 다룰 수 있는 악기도 없다. 그저 음악을 통째로 외워서 지휘를 한다. 그러기 위해서 한 곡을 수백 번씩 반복해서 들으며 연습을 한다. 전문 지휘자가 아니면서도 곡마다 해설을 덧붙이고 연주를 해나가는 것이다. 직접 다양한 책을 읽고 음악가를 만나 얘기를 들은 것을 자기 나름의 체계를 잡아 종합하고 분석한다. 그런 다음 손목에 물혹이 생길 정도로 반복에 반복을 해나가며 외워나간다.

성공인들은 한결같이 '성장 마인드세트growth mind-set'를 가진 사람들이다. 스탠포드 대학 캐럴 드웩 교수는 30년 연구 끝에 이런 사실을 알아냈다.

사람은 타고난 재능, 적성과는 관계없이 노력과 경험으로 자신의 능력치를 확장할 수 있다. 그러한 믿음의 성장 마인드를 지닌 사람이 실제로 더 발전한다는 것을 밝혀냈다. 성장 마인드세트를 갖고 있는 사람은 넘어져도 부끄러워하지 않는다. 오히려 홀홀 털고 일어나 꿋꿋하게 다시 걸어 나간다. 마치 걸음마를 배우는 어린아이와 같이. 이들에게 있어 실수나 곤경은 오히려 성장의 발판이 되는 셈이다.

리우 올림픽 펜싱 금메달리스트 박상영 선수는 이런 말을 했다.

"나는 성공보다 성장이라는 말을 더 좋아합니다. 성공은 뒤에 실패가 기다리고 있지만 성장은 끝이 없습니다."

성장 지향의 자세를 갖고 있는 사람들은 아무리 힘든 역경이나 절망도 이겨나가는 정신력이 있다. 44세에 노벨문학상을 받은 카뮈는 갖은 어려움 속에서도 오로지 성장을 향한 열정과 성실함이 있었다. 카뮈는 소년 시절 일찍이 아버지를 여의고 청각장애를 앓고 있는 어머니와 할머니, 형 그리고 두 명의 외삼촌들과 함께 살고 있었다. 가난한 가정 환경으로 극심한 영양실조와 폐결핵을 앓아 정상적인 생활조차도 불가능했다.

그러나 그는 언제나 문학에 대한 열망의 끈을 놓지 않았다. 그는 불행한 상황들에 굴하지 않고 가난과 질병을 극복했다. 그리고 삶의 아픈

상처들을 작품으로 승화시켜 많은 명작을 남겼다. 프랑스 최고의 소설가인 알베르 카뮈의 이야기는 삶에 절망이 없다면 삶에 희망 또한 없다는 것을 보여준다.

2016년 8월 6일부터 22일까지 제 31회 리우데자네이루 올림픽이 남미대륙에서는 120년 만에 처음으로 브라질에서 열렸다. 올림픽에는 206개국 1만 5,000여 명의 선수가 참가했다. 올림픽의 슬로건은 '새로운 세상A New World'과 '열정을 갖고 살자Live Your Passion'였다.

이번 올림픽에서 한국선수들은 긍정의 위력을 세계에 과시했다. 앞서 말한 에페 펜싱 세계 21위인 스무살의 박상영 선수. 그는 감독조차도 포기한 4점의 실점 상황에서도 '난 할 수 있다, 할 수 있다'를 되뇌며 47초 만에 연속 5점을 얻어 역전에 성공했다. 그의 경기는 우리를 완전히 몰입의 경지로 이끌었다.

사상 첫 전 종목 금메달의 주인공이 된 양궁 선수들의 스토리는 더욱 감동적이다. 그중에서도 4년 전, 대표 선발전에서 자격 미달로 친구들의 메달 획득을 바라보기만 했던 장혜진 선수. 그녀는 좌절하지 않고 '할 수 있다'라는 긍정의 힘을 길렀다. 지난해 본 올림픽에 앞서 연습용 프레올림픽이 열렸다. 그녀는 참가 자격이 없었는데도 출전 선수들과 함께 가서 몰래 연습을 했다. 그때 그녀는 이렇게 결심했다.

"올림픽 때 이곳에서 반드시 활을 쏘고 말겠다."

무려 4,000발의 화살과 양궁장에서 점수 확인을 위해 과녁 사이를 오간 거리만 182km였다. 그 후 그녀는 올림픽 선발전에서 참가 티켓을 따냈다. 누구도 결과를 예상하지 못한 가운데 그녀는 해냈다. 2관왕이 되면서 '장 긍정'이라는 별명을 얻게 되었다.

사람의 두뇌에 숨겨져 있는 힘은 우리가 생각하는 것 이상의 강력한 능력을 발휘한다. 두뇌는 우리 인류 조상 대대로 내려온 모든 생각, 느낌, 감정을 잠재의식이라는 문서고에 깊숙히 저장하고 있다. 한 인간의 콘텐츠 아카이브인 셈이다. 그것들이 때로는 꿈이라는 모습으로 나타나기도 한다. 또한 기시현상deja vu이 되기도 하며, 때로는 일상에서 기발한 착상이 되기도 한다.

이스라엘의 〈테크니온 기술연구소The Technion Institute of Technology〉는 치어에게 매번 먹이를 줄 때마다 확성기를 틀어 특정 소리를 연상시키는 훈련을 시킨 뒤 바다에 풀어 놓았다. 4~5개월이 지나 물고기가 상품이 될 정도로 자랐을 때쯤 같은 소리를 들려주었더니 그 물고기들이 원래 위치로 돌아왔다. 이 양어기술이 보급되면 시장에서 생선을 양식과 자연산으로 따지는 일은 없어질 것이다.

이 실험을 보면서 물고기도 꾸준히 훈련시키니 놀라운 두뇌 능력을 갖게 된다는 것을 발견했다. 하물며 사람이야 어떻겠는가? 끊임없이 긍정의 훈련을 반복하게 되면 생각하지도 못한 놀라운 결과가 뒤따라 올 수 있다.

여기에서 '끊임없는 반복'이라는 것이 중요하다. 어느 정도의 긍정적인 생각을 했다고 해서 긍정적인 성과를 얻을 수 없다. 조금 노력을 기울였다 해서 목표 달성이 쉽게 되지 않는 것과 같다. 성공을 거두기 위해서는 자신의 정신상태를 다스려나가야 한다. 또 긍정적인 사고가 습관이 될 때까지 계속 해야 한다.

영국의 시인이자, 극작가, 비평가인 존 드라이든은 '처음에는 우리가 습관을 만들지만, 그 다음에는 습관이 우리를 만들어 간다'고 했다. 무엇을 반복하느냐가 곧 사람이다. 반복된 행동의 결과가 인생이다. 습관이란 이미 몸에 배어져 의식하지 않아도 어느샌가 스스로 행하고 있는 반복적인 행위를 뜻한다.

사람들은 흔히 아침에 일어나 아무 생각 없이 무의식 상태에서 뇌 속에 입력된 행동의 주기를 반복한다. 여기에서 무의미한 행동이 쌓이면 무의미한 결과를 얻게 된다. 그저 기계처럼 반복하는 생각이 행동으로 옮겨지게 되는 것이다.

문화 유전자, 성실 · 자신 · 인화

　성실·자신·인화는 내 인생의 좌우명이자 경영방침의 토대로 삼았던 세 가지 핵심요소다. 이를 풀이해보도록 하겠다. 20대부터 글로 써서 늘 품어온 이 모토가 시사하는 대로 내 인생은 그렇게 풀렸다. 바로 내 인생의 문화적 유전자인 '밈meme'이 되었던 것이다.

　개인적 자질 중 성실성은 다른 말로 표현하면 정직성이라고 할 수도 있다. 이것은 다른 사람들에 대한 태도가 공정하고, 건전하고, 편견을 갖지 않는 자세다. 정직성은 인격의 가치다. 성실성은 먼저 이기심, 자기 과신의 허울을 벗어 던지는 것이다. 그리고 남을 배려하며 자기 마음을 다스리는 것이다. 그럼 자신에게 정제된 안정감을 안겨준다.

　프랑스의 유명한 소설가인 위고는 '성실은 웅변의 소금'이라고 표현했다. 세상을 살아가는 데 가장 훌륭한 처세술은 성실이다. 올바른 성공의 지름길 역시 성실이다. 성실로 말미암아 이루어지는 것은 말로 다할 수 없이 많고 큰 것들이다.

성실한 사람은 실제적으로 매사에 순응하고, 호감을 주며, 남을 우선적으로 생각할 수 있다. 불쾌한 일이 있으면 그것이 자신이나 남에게 영향을 주지 않도록 한다. 또한 어떤 상황에 처해서도 어두운 부분보다 밝은 면을 먼저 보려는 노력을 하게 된다. 더불어 즐거운 소식에 깊이 감사하고, 기쁨을 모든 사람들에게 확대하여 함께 나눈다. 그는 남에게 쓸데없는 원한을 갖지 않으며, 오히려 다른 사람의 노력이 결실을 맺도록 기원해 준다.

그러면서 그는 어떠한 환경에 있더라도 주위의 사람들과 한마음이 되도록 힘쓴다. 우리는 성실해지려고 애쓸 필요가 있다. 그렇게 되면 그것은 우리 스스로에게 만족감으로 보답하게 되어 있다.

사회적 자질인 자신감은 실리적인 가치를 가지고 있다. 우리는 사회생활을 하면서 능력이 무엇보다 중요하다는 것을 깨닫는다. 이것을 실력이라고도 한다. 이 치열한 경쟁 사회에서 생존하기 위해 자기계발에 열정을 쏟는다. 글로벌 무한경쟁 시대에 아무리 의지가 단단하고 각오가 대단하다한들 실력을 갖추지 않고서는 험한 세파를 헤쳐 나가기가 쉽지 않다.

사람은 정자와 난자가 10만대 1의 경쟁을 뚫고 수정된다. 생명의 잉태 과정에서부터 이미 적자생존이라는 굴레에 던져진 존재다. 그렇기에 우리는 살아가면서 끝없는 인생의 허들 경기를 치러야 한다. 여러 가지 경쟁이라는 장애물을 넘고 또 넘어야 한다. 그 계속되는 경쟁의 벽을 넘으려면 우리는 당당히 경쟁에 나설 수 있는 확실한 역량을 갖춰야 한다.

경쟁에서 이긴다는 것은 크나큰 기쁨이며 희열이다. 이것은 더없는 행복감을 안겨주는 일이다. 만약 우리가 인생의 정한 푯대를 향해 달려가는 도중에 뒤처져 헤맨다고 해보자. 얼마나 마음이 저리고 아플까 상상이 된다.

승리하기 위해서, 행복을 느끼기 위해서는 육체적으로 건강해야 하며 정신적으로 강건해야 한다. 이것이 곧 능력이다. 이러한 자신감은 바로 '자기효능감self-efficacy'이라고 할 수 있다. 자기효능감이란 캐나다의 심리학자 앨버트 밴듀라가 제시한 개념이다. 개인이 주어진 상황에 자신감을 가지고 잘 대처하는 기술과 이러한 기술들을 실행하는 능력을 일컫는다.

〈고도원의 아침편지〉에서 말하길, 자신감은 어느 날 갑자기 이를 악물고 결심을 한다고 생기지 않는다. 자기 내면의 실력을 채워갈 때 저절로 생긴다. 한 가지 희한한 것은 자기 내면을 채우면 채울수록 자신감이 커지는 것은 물론, 부드러움과 겸손도 함께 자란다는 사실이다.

인화력은 인간과 인간의 관계에 대한 자질을 보여준다. 많은 사람들은 사람 '人'자를 상형문자의 각도에서 서로 의지해야 하는 관계로 설명한다. 인간은 주위로부터 고립되어 유아독존으로 살아갈 수 없다.

인화력은 달리 표현하면 리더십이다. 많은 사람들이 리더십을 외치곤 한다. 하지만 리더를 따르는 구성원들이 인정을 해주어야 리더십은 형성되는 것이다. 한 측의 팔로워십이 있어야 다른 한 측의 리더십이라는 것이 의미를 갖는다. 공감 없이 자기 혼자 부르짖으며 일방적으로 따라오라고 하는 것은 보스십 또는 헤드십이다.

인화력은 개인생활이나 가족생활, 나아가 사회생활이나 조직생활을 보람 있게 이끌어 나가는 토대가 된다. 더욱이 인간은 군집의 속성을 지니고 있어서 서로 간에 언어로 소통하는 게 기본이다. 이를 통해 생각과 감정, 정서를 교류하면서 삶을 영위하는 것이다.

군집群集이란 바로 공동체 곧 커뮤니티를 뜻한다. 커뮤니티는 특정한 환경에서 함께 사는 인간의 모임체다. 그 모임체는 어떤 사람들로 구성되어 있는가보다, 그 모임을 구성하고 있는 구성원 간의 상호기능적 관련성을 더 중요시한다.

우리는 남과 조화를 이루며 화합의 정신을 발휘해가며 살아야 한다. 어울리지 못하는 사람은 정서적으로 안정을 누리지 못한다. 인화를 중시하는 사람은 자기 스스로의 행복을 빚어낼 수 있다. 나아가 다른 사람들을 이해하고 배려하면서 그 행복을 나눌 줄을 안다.

인간은 누구나 행복한 생활을 갈구하지만 행복은 쉽게 얻어지지 않는다. 그렇지만 성실하면서 다른 사람들과의 조화를 중시하고, 또 능력이 있는 사람은 우선 자기 자신에 대한 신뢰와 믿음을 갖는다. 스스로 믿음이 넘치는 사람은 매사를 낙관적으로 봄으로써 자신을 행복하게 한다. 행복은 거의 이루기 어려운 수수께끼인 것 같지만 부단한 노력을 통해 쉽게 이룩할 수 있는 그 무엇이기도 하다.

그중의 제일은 성실함이라

개인의 세 가지 덕목인 성실성, 자신감, 인화력 중에서도 성실성이라는 요소는 성공하는 사람이 갖추어야 할 가장 중요한 덕목이다. 『CEO처럼 생각하기』의 저자 데브라 벤톤은 성실성, 즉 정직성이 조직의 경영자로 활동하는데 필요한 첫 번째 규범이라고 설명했다. 이는 똑똑한 사람이 되거나 비전가가 되는 것보다 지도자가 되는 데에 더욱 필수적인 자질이라는 것이다. 그러면서 그는 '개인의 정직성은 최고 높은 자리로 가는 데 치러야 할 비용이다'라고 했다.

성실, 정식, 근면은 성공하는 사람이 가져야 하는 기본적인 자질이다. 우리는 인생의 현장에서 부단히 노력을 하지만 그 바탕에는 위의 자질이 선행되어야 한다. 그렇게 될 때 자기수련의 자세를 갖게 되고, 어떤 일이 주어지더라도 감사하며 소임을 다 할 수 있게 된다. 그런 성품의 사람들은 처음에는 미천하지만 결국에는 성공의 반열에 오르게 된다. 인생이라는 게임에서 역전의 스릴을 연출하는 기회를 반드시 잡게 되는 것이다.

『햄릿』, 『로미오와 줄리엣』, 『맥베스』, 『베니스의 상인』, 『오셀로』 등 불후의 명작을 남긴 셰익스피어도 따지고 보면 성실과 근면으로 인생의 역전 드라마를 쓴 주인공이다. 그는 중학교 1학년 중퇴의 학력밖에는 갖고 있지 않았다. 하지만 소년 시절에 읽은 책의 제목만 해도 한 권의 책이 될 만한 분량이었다. 집이 가난했던 그는 소년 시절 고향을 떠나 런던 거리에 일자리를 얻기 위해 나섰다. 그러다가 그만 지나가는 마차에 치여 쓰러졌는데 마차 주인이 바로 극장주였다.

그 인연으로 그는 극장의 잡역부로 들어갔다. 성실하고 정직하게 맡은 일을 척척 해내는 그를 지켜본 극장주는 셰익스피어에게 배우의 길을 열어주었다. 그리고 어릴 적부터 읽어둔 수많은 책들을 바탕 삼아 희곡을 쓰기에 이른 것이다. 그래서 마침내 그는 세기의 작가로 우뚝 솟게 되었다.

『중용』에 이런 말이 있다.

성자물지종시 불성무물 誠者物之終始 不誠無物
성실하다는 것은 모든 만물의 끝과 시작이고, 성실하지 않으면 존재도 없다.

똑똑한 사람, 튀는 사람, 아이디어 좋은 사람보다 마지막에 남아 있는 사람은 성실한 사람이다. 그 꾸준하고 묵묵히 자기 길을 가는 사람이야말로 성공인이다.

청나라 황제 강희제康熙帝가 있었다. 그는 중국 황제 중 가장 오랜 기간 재위하며 가장 현명하고 관대하며 뛰어난 업적을 남겼다. 그는 인재를 논할 때는 반드시 덕을 기본으로 삼았다. 또 아무리 출중한 능력이 있어도 성품을 갖추지 못한 관리는 아예 등용을 하지 않았다. 그는 이렇게 말했다.

"짐은 사람을 볼 때 반드시 심보를 본 다음 학식을 본다. 심보가 선량하지 않으면 학식과 재능이 무슨 소용이 있겠는가? 재능이 덕을 능가하는 자는 나라를 다스리는 일에 결코 도움이 되지 못한다."

이러한 확고한 강희제의 덕치로 청나라 제국은 번성했다. 정치가 안정되고, 외부 침략을 물리치고, 영토를 확장해 나갔다. 그는 학문에 대한 열정도 대단했다. 평생 선현의 가르침, 서예, 시, 음악을 쉬지 않고 배우고 증진시켰다. 그리고 지질, 과학, 공학, 수학, 천문학 분야에서 상당한 발전을 이끌어낸 위대한 황제였다. 황제 강희제가 강조한 덕, 성품, 선량한 심보를 관통하는 것은 바로 성실성이다.

성실성은 정직함, 솔직함, 공정함에 대해 스스로에게 약속하는 것이다. 그 개인적인 서약에 의하여 행동하는 것을 의미한다. 즉 자기 자신이 개인적인 규범을 지키면서 사회공동체 속에 살아가는 것이다. 벤자민 프랭클린은 '정직과 성실을 그대의 벗으로 삼으라. 백 권

의 책보다 하나의 성실한 마음이 더 큰 힘으로 사람을 움직일 것이다'
라고 말했다.

한 청년이 대학을 졸업하고 미국 뉴욕박물관에 임시직 사원으로 취
직했다. 청년은 매일 남보다 한 시간씩 일찍 출근해 박물관의 마루 바
닥을 닦았다. 청년은 마루를 닦으면서 항상 행복한 표정을 지었다. 어
느 날 박물관장이 청년에게 물었다.

"대학교육을 받은 사람이 바닥 청소를 하는 것이 부끄럽지 않은가?"
청년은 빙그레 웃으면서 대답했다.

"이곳은 그냥 바닥이 아닙니다. 박물관의 마루 바닥입니다."
청년은 성실성을 인정받아 정식직원으로 채용됐다. 그는 알래스카
등을 찾아다니며 고래와 포유동물에 대한 연구에 몰입했다. 그리고 몇
년 후에는 세계에서 가장 권위 있는 고래박사로 불렸다. 거기에 뉴욕
박물관 관장까지 맡았다. 이 사람이 바로 세계적인 고래학자 앤드루
박사다.

성공한 사람들의 최고의 자산은 성실성과 즐거운 마음으로 일하는
것이다. 성실성은 누구든 인생이라는 작품을 그려가는 동안 어떤 분야
에 있더라도 파도에 흔들리지 않게 자기를 잡아 두는 닻과 같다. 그 닻
이 단단하지 않으면 작은 너울에도 요동치며 큰 파도에 좌초되기 쉽

다. 성실성은 삶이라는 비즈니스를 영위하는 과정에서 때로 험난한 지형에서 우리에게 길잡이가 되어 주는 든든한 나침반이다.

02

'성공'이냐 '출세'냐
그것이 문제로다

성공하려면 세상을 있는 그대로 받아들인 후 그것을 뛰어넘어야 한다. | 마이클 코다

180도 변해있는 세상

한국사회에서 사람들은 '성공'과 '출세'를 같은 뜻으로 여긴다. 그러나 이 두 가지는 명확하게 구분할 필요가 있다. 이제는 출세하는 것보다 성공하는 사람이 인정받는 사회가 되어야 한다. 출세는 수직적인 보스십이나 헤드십을 구사하는 행태라면 성공은 수평적인 리더십을 발휘하는 실행력이다. 많은 사람들이 입으로는 리더십을 말하지만 행동은 보스십이다.

우리 사회가 안고 있는 모든 문제의 근원을 파고 들어가면 결국 세상은 '출세주의'에 물들어 있다. 그 출세를 위해 우리 사회는 몸살을 앓고 있다. 출세주의는 '자기 개인의 출세만을 목적으로 하는 이기주의적인 사상이나 태도'를 일컫는다.

출세주의가 우리사회를 지배하다 보니 학연, 지연, 혈연의 연고주의가 패거리 풍토를 만들었다. 어디나 사람이 사는 사회는 다 자기와 이해관계를 같이 하는 부류끼리 뭉치려는 경향이 있다. 그게 인간의 본성이다.

사회학자 윌리엄 섬머는 '인간은 기본적으로 성격이 맞는 사람들과 끼리끼리 뭉치려고 하는 종족'이라고 했다. 그래서 본능적으로 자신의 집단이 다른 집단보다 우월하다고 생각하며 배타적인 성향을 띠게 되어 있다. 이에 따라 다른 집단을 경시하며 자기편을 선호하는 내재된 경향을 갖는다. 우리 사회에서 코드인사니 낙하산 인사니 하는 관행은 다 이런 데서 비롯된다.

출세주의는 그 의미만 보더라도 결코 바람직한 방향성을 띠고 있지는 않다. 하지만 사람들은 그것을 인생 최고의 목표로 삼고 쉬지 않고 내달린다. 출세를 향한 '쏠림현상'이 지나치다. 모두가 다 일류대학을 가려고 하고 최고의 직장을 잡으려 혈안이 되어 있다. 낙타가 바늘구멍을 통과해야 하는 것처럼 힘들고 힘든 최고만을 바라본다. 그 최고여야 '갑'이 되고 그렇지 않으면 '을'이 되어버리는 세태를 탓하면서 말이다.

흔히 출세 지향적인 사람은 욕망이 강한 성향이 있다. 그러다 보면 합리적인 생각에서 멀어지고 자기중심적이게 된다. 실제로 욕심이 강한 사람의 뇌는 일반 사람의 뇌와 다르다.

뇌과학자에 의하면 욕심 있는 사람의 뇌에는 자기감정을 중시하고 그것이 옳다고 믿게 만드는 화학물질이 분비된다. 당연히 몸이 그에 반응하게 되면서 행동이 달라지는 것이다. 스스로에게 얽매이다 보니 자기통제self-discipline가 되지 않는 단방향의 정신 상태가 되어버린다. 욕망이 충족되지 않으면 심한 낭패감을 느끼며 그 감정을 대체하기 위해 과격성을 띠게 된다.

반면 성공하는 사람들의 뇌에는 공통점이 있다. 이들은 어떤 여건에서도 감정을 자신이 원하는 쪽으로 빠르게 전환한다. 좋은 감정을 더 자주 느끼고 더 오래 지속하는 것이다. 상황이 좋으면 좋아서 기쁘고 상황이 좋지 않으면 다음에 더 좋은 상황이 올 것이라고 믿는다. 그렇기에 언제나 기쁜 것이다. 하루아침에 감정을 자유자재로 전환시키기는 힘들다. 그렇지만 굳은 의지와 적절한 훈련만 있으면 조절할 수 있다. 이것이 성공하는 사람의 긍정 훈련인 것이다.

사회현상을 설명하는 이론 중 '레밍효과'라는 것이 있다. 레밍은 들쥐의 일종인데 몸길이가 3.5cm에 불과한 작고 귀여운 동물이다. 주로 핀란드와 스칸디나비아반도의 산악지대에 서식한다. 새로운 먹거리를 찾다가 해안 절벽에 도달하면 선두그룹의 대장은 용감하게 절벽 아래로 뛰어내린다. 그 뒤를 따르는 레밍들은 조금의 의심도 없이 대장 레밍을 따라 바다로 뛰어 내리게 된다. 그래서 단체로 바다에 빠져 죽는 집단자살이 되어 버린다.

비슷한 의미로 '스템피드 현상'이 있다. 한 마리의 가축이 놀라 우왕

좌왕하면 주변의 가축 모두가 놀라 우르르 내달리게 된다. 이처럼 남들이 하니까 영문도 모르고 따라하는 현상을 두고 하는 말이다.

지금 우리네 모습이 그렇다. 자신의 모든 것을 희생하며 가릴 것 없이 오직 출세만을 위해 달려간다. 오로지 경쟁에서 이기기 위해서다. 이기는 자만이 승자독식의 영광을 누린다는 것을 보아왔기 때문이다. 그리고 우리사회는 승자들만 이 사회의 주인공으로 치켜세운다.

내가 진정 할 수 있는 것, 내가 정말 행복해질 수 있는 것, 내가 진정 모든 것을 쏟아 부어서 이룰 수 있는 것에 대해서는 생각할 겨를조차 없다. 오로지 벼랑 끝으로 달려가는 쥐떼처럼 좌우 돌아볼 여유도 없이 줄달음치는 것에만 익숙해 있는 것이다. 그러다 보니 축복에 넘쳐야 할 인생길에서 소진감burn-out에 젖어있게 되는 것이다.

어느 외국 웹 사이트에서 재미있는 비교를 한 것이 있다. 인간이 존재한 역사를 1년이라는 저울에 비유했다. 초로 따져보면, 365일 × 24시간 × 60분 × 60초로 계산하면 31,536,000초다. 그러고는 사람이 요즘처럼 장수시대가 돼 100세를 살아간다고 해도 3초에 불과 하단다.

어떻게 보면 셰익스피어의 말대로 '삶은 무대에서 잠시 거들먹거리다가 퇴장하는 시시한 배우'인지도 모른다. 인생은 나그네길이며 잠깐 보이다 없어지는 안개요, 쉬이 지나가 버리는 하루와 같다.

사람들은 오로지 출세의 고지만을 오르기 위해 그 짧은 인생의 여정에서 모든 것을 내버리고 힘겨워한다. 그러면서 시기와 투쟁과 갈등으로 한 평생을 보내며 세월이 흐른 뒤 뉘우치며 한탄한다. 그래서 중국의 한 현인이 인간의 삶을 '서두름hurry', '걱정worry', '묻힘bury'이라고 간명하게 정리하기도 했다.

글로벌지수, 곧 'GQGlobal Intelligence'라는 게 있다. 글로벌 시대 세계인으로서의 양식과 올바른 가치관을 가지는 것이다. 이것은 우리가 작게는 한국인이며 크게 보면 세계인으로서 그에 부합되는 사고방식과 행동양식을 갖춰야 된다는 의미다. 우리는 이제 세계시민, '코스모폴리탄Cosmopolitan'이다. 'Cosmopolitan'은 그리스어 'Cosmos세계'와 'Polites시민'의 합성어다. 이는 각 개별국가 국민의 개념을 넘어 인류를 하나의 겨레로 묶어서 보는 관점이다.

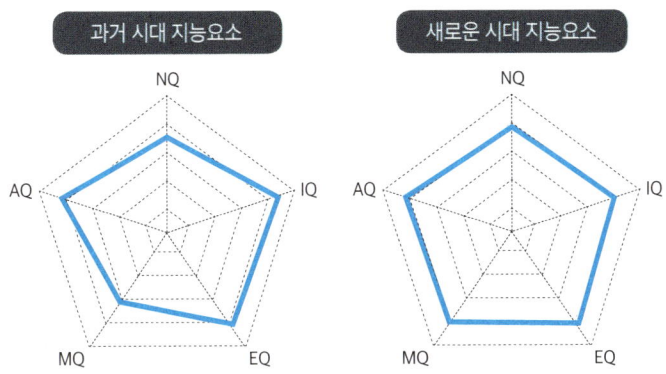

우리의 생각이나 행동은 '글로벌적'이어야 한다. 한국인으로서의 문화적 정체성을 가지면서도 세계시민으로서의 보편적 양식을 따라야 한다. 세계인이 한국을 찾아오고 우리가 세계 곳곳을 누비고 다니려면 세계시민의 자격을 갖추어야 한다. 그러려면 보편적 가치의 지능이 필요한데 IQ일반 지능 지수, EQ감성 문화 지수, MQ도덕성 지수, AQ역경 극복 지수, NQ공존 의식 지수등이 그것이다.

과거 시대의 지능요소는 불균형적인 패턴을 보여줬다. 머리가 뛰어나 좋은 학교, 좋은 직장에 들어가 학연, 지연, 혈연 등 모든 수단을 동원해 출세만 하면 됐었다. IQ와 AQ만 높아도 통하던 시대였다. 하지만 지금 세상은 다르다. 새로운 시대는 균형을 갖춘 지능의 인재상을 요구하고 있다. 지능의 하모니가 중요해졌다.

현대사회에서는 다양한 지능이 균형BI·Balanced Intelligence을 이루어야 성공하는 시대가 되었다. 편식을 하는 식생활로는 인체가 제대로 클수가 없다. 다양한 음식을 통해 영양분을 골고루 섭취하여야 건강하게 성장할 수 있다. 우리의 지능도 같은 이치다.

한편 하버드 교육대학원의 하워드 가드너 교수는 인간에게는 기능적인 측면에서 '다중지능Multiple Intelligences'이 있다고 주장했다. 언어적, 음악적, 논리·수학적, 공간적, 신체적, 대인 관계적, 내면적 지능들이다. 각 지능에 따라 사람들이 각자 재능이 다르다. 가드너 교수도 '인간 사회에서는 7가지 지능 중 한두 개만 가지고는 해결할 수 없는 복잡한 일들이 많다. 그러기에 모든 지능들을 균형 있게 갖추는 것이 필요하다'고 말한다.

　사회적으로 성공하기 위해서는 지금까지 우리가 지녀왔던 IQ 만능주의에서 벗어나야 한다. 다양한 지능의 개발이 필수적이다. 균형 있는 재능을 갖춘 개인들이 모여 이룬 기업이나 사회의 조직은 생동감이 있으며 활력이 넘치게 된다.

　재미있는 통계가 있다. 하버드대 정신의학과의 조지 베일런트 교수는 지난 66년간 하버드 졸업생 268명의 사회생활을 추적해 보았다. 그 결과 성공적인 삶을 산 90%가 학교의 성적과는 아무 상관이 없는 것으로 나타났다. 오히려 어려움에 처했을 때 이를 긍정적으로 생각한 사람, 유머감각을 발휘하며 주위와 어울리는 사람들이 더 성공한다는 것을 발견하였다.

　이것은 IQ와 AQ만이 최고라는 이전의 생각과는 사뭇 다르다. EQ, NQ와 같이 다른 지능을 골고루 갖추고 있는 사람이 더 성공할 수 있다는 것을 입증하고 있다. 세계무대를 상대하려면 한국인들에게는 글로벌지수가 절실하다.

　글로벌지수가 중요한 시대에 국가 단위로 형성된 지리적인 경계는 많이 허물어졌다. 지금은 국경이라는 구획의 의미가 없어져버렸다. 세계가 하나의 활동공간으로 변모하면서 '글로벌 공동체global theater'가

되어 있다. 세상의 변화 속도가 걷잡을 수 없다.

지금은 지구상의 한 구석에서 일어난 일들이 실시간으로 전 세계에 전파되고, 한 국가의 정책이 세계 각국에 영향을 미치는 도미노 세상이 되었다. 그만큼 글로벌 경쟁력이 핵심 역량이 되고, 글로벌 스탠더드가 가치 기준이 되었다. 글로벌 스탠더드는 한마디로 '단일화된 세계시장에서 기준으로 통용되는 규범'을 말한다. 중소기업청에 경영지도사로 등록되어 있는 한 경영 컨설턴트는 글로벌 스탠더드를 떡에 비유해 다음과 같이 설명하고 있다.

"글로벌 스탠더드라는 것은 '세계에서 떡을 가장 빨리 키우는 방법'이다. '떡을 키운다'는 것은 한마디로 더 풍요해 진다는 것이다. 세계의 모든 나라들은 '떡을 키우기'를 원한다. 그런데 나라들마다 떡을 키우기 위해 접근하는 방법이 조금씩 다르며, 그중 어떤 것은 매우 효과적이고 어떤 것은 덜 효과적이다."

많은 방식 중 세상에서 가장 효과적이라고 판명이 난 제도, 기법, 문화 등을 모아 놓은 것이 바로 글로벌 스탠더드인 것이다. 모든 분야에는 글로벌 스탠더드가 있다. 경제는 경제의 글로벌 스탠더드, 노동은 노동의 글로벌 스탠더드, 정치는 정치의 글로벌 스탠더드가 있다.

그런데도 우리는 경쟁에서 글로벌 스탠더드가 중시되는 흐름에 무디다. 아직도 과거의 습성을 떨쳐내지 못하고 구시대 가치관에 뿌리를 박은 채 살아가고 있기 때문이다. 이 좁은 땅덩어리에서 출신 학교와 지역으로 편을 갈라놓고 있다. 끼리끼리 뭉치는 불공정하고 불공평한

정실주의와 서열주의가 판을 치고 있다. 더불어 실사구시적 내실보다 전시적인 허울이 중시되는 구조다.

미국에 '퀘라Quora'라는 지식공유 사이트가 있다. 세계의 지식을 나누며 키워가는 온라인 공동체다. 한국에서 오랫동안 거주했던 샌티에고 핀토라는 사람은 여기에서 한국문화를 관찰하고 체험한 느낌을 다음과 같이 올리고 있다.

"한국사회는 사람을 평가할 때 기술이나 개인의 가치는 내버려 두고 연배와 사회적 지위를 중시한다. 그래서 한국 사람들은 여러 가지 학위를 받으려고 혈안이 돼 있다. 깊이 있는 지식을 갖추려고 하기보다 이런저런 자격증 따기에만 바쁘다.

이력을 쌓아 모든 것을 다 해낼 수 있는 대단한 능력을 갖고 있다는 인상을 주려고 애쓴다. 안타깝게도 한국 사회가 갖고 있는 문제들 중 하나는 다른 사람이 나를 어떻게 생각하고 판단할까에 집착을 하는 것이다.

통상 나이든 사람들이나 윗자리에 앉은 사람들은 한결같이 보스 행세를 하려고 한다. 또 언제나 자신들이 권한을 쥐고 있다는 것을 나타내려 한다. 직업에서 자신이 실력으로 정당한 대우를 받는다고 생각하는 사람은 많지 않다. 왜냐하면 서열과 사회적 위치와 다른 시시한 요소들이 더 중요한 비중을 차지하고 있기 때문이다."

그가 한국생활에서 지켜본 것은 '어떠한 것을 정도에 지나치게 탐내거나 누리고자 하는 마음', 곧 탐욕이 아니었을까? 탐욕은 내면적으로 결핍을 느끼는 심리상태에서 나타난다. 물질이 부족해서라기보다 마음이 채워져 있지 않아 그 공허감을 메우기 위해 욕심을 내게 되는 것이다. 지나친 경쟁에 뛰어 드는 것도 일종의 욕심이다. '사돈이 땅을 사면 배가 아프다'는 속담은 이기주의적 심상心相을 표현한 것이다. 남을 생각하기보다는 자기의 이익만을 챙기는 풍조를 가리킨다.

탐욕이 지배하는 사회는 안정성이 부족하며 남을 배려하는 자세가 희박하다. 내 것부터 우선 챙기고 봐야 하는 세상은 과시욕과 허영심이 넘쳐난다. 진정으로 성공을 이루고 행복을 찾는 길은 제로섬zero-sum 게임이 아닌 서로가 윈윈win-win 할 수 있는 포지티브섬 인생전략인 것이다.

플라톤과 키케로의 고대 세계에서부터 근대 세계를 열려고 했던 유럽의 르네상스 인문주의자들, 그들이 갈망했던 토머스 모어의 '행복도시Eu-topia'에서는 이런 것들을 악덕으로 여겼다. 토머스 모어는 자신의 저서인 『유토피아』에서 다음과 같이 말했다.

"모든 생필품이 충분히 넘쳐나고, 어떤 사람이 필요 이상 많은 것을 요구할 이유가 없으니 말입니다. 어떤 생필품이 부족하게 되는 사태가 결코 발생하지 않는다고 할 때, 누가 왜 공연히 필요 이상으로 가져가 겠습니까? 결핍에 대한 공포가 모든 동물들에게 욕심 내지 과욕을 야기한다지만 그 외에도 인간은 비뚤어진 명예심 때문에 물욕을 보이며, 남들보다 많이 가지고 있음을 내세워 우쭐거리려는 허영심이 있습니다. 하지만 이런 악덕이 유토피아의 사회제도 안에 자리 잡을 여지가 없습니다."

당대의 인문주의자였던 에라스무스는 토마스 모어를 '사계절의 인물omnium horarum homo'이라 불렀다고 한다. 당시 왕정 시대에 정의를 부르짖다 정치적 박해를 당한 토마스 모어였지만 존경의 대상이 되었기 때문이다.

그는 모어를 부드럽고 상냥하지만 때로는 즐겁고 유쾌하고, 때로는 심각하고 진지한 모습을 보여주었다고 적고 있다. 분명 토마스 무어는 성공하는 인생의 성품을 지녔다고 여겨진다. 그랬기 때문에 그런 공정한 행복사회를 외치지 않았을까?

지금 우리는 토머스 모어의 유토피아를 그리워하는지도 모른다. 그러면서도 벨기에의 극작가인 메이털 링크의 동화극 《파랑새》의 주인공처럼 장래의 행복만을 몽상하는 것은 아닌지. 현재의 할 일에서는 열정을 느끼지 못하면서 말이다.

이것에 빗대어 '파랑새 증후군Blue Bird Syndrome'이라는 것이 있다. 요즘 빠르게 변하는 현대사회에 적응하지 못하는 직장인들이 겪는 신경증이다. 다시 말해 욕구 불만, 갈등, 스트레스 때문에 발생하는 심리적 긴장이 신체적인 증상으로 나타나는 것이다.

쉽게 말하자면 지금 시점에 만족하지 못하고 새로운 이상만을 추구하며 사는 것이다. 힘들게 일류 기업에 입사하고도 몇 년 일하지도 않고 그 회사에서 나와 버린다. 그리고는 다시 새로운 공부를 시작해서 또 다른 자격시험을 목표로 하는 사람들이다. 자신이 할 일은 그런 기업체에서 일하는 따위가 아니라 나의 행복은 다른 곳에 있을 것이라 하는 막연한 기대다. 이 비율이 약 30%에 이를 정도다.

자신이 꼭 하고픈 일을 위해 새로운 도전을 하는 것은 의미가 있다. 하지만 새로운 꿈을 가진다는 것 자체가 행복은 아니다. 스스로가 어떻게 자기 자신을 바라보는가에 따라 행복은 결정된다.

출세의 결정적 요소들

한 서양인의 눈으로 본 한국사회의 적나라한 세태를 앞에서 보았다. 우리의 정곡을 찌르는 객관적 시각이 아닐 수 없다. 능력을 중시하는 서양인의 시각에서 집어낸 '다른 시시한 요소들', 그것이 한국 사람의 관점에서는 '매우 결정적인 요소들'일 수 있다. 어느 학교 어느 지역 출신이며, 어느 사회단체와 연결되어 있는지, 또 집안에 영향력 있는 세도가가 있는지……. 어느 하나라도 한국 사회의 경쟁에서 빼놓을 수 없는 출세를 위한 필요조건들이다.

출세. 이것은 누구나 이루고자 하는 꿈이요, 목표다. 국어사전에 보면 '출세는 사회적으로 높은 지위에 오르거나 유명해짐'이라고 설명하고 있다. 우리는 흔히 억울하면 '출세하라'라고 한다. 그래서 사람들은 인생의 마라톤에서 출세라는 골인점을 향해 100m 단거리 질주하듯 온 힘을 쏟아 달리고 있다. 어차피 인생은 42.195km의 마라톤 경주인데 그렇게 끝까지 전속력으로 달려 나갈 수 있을까?

그러면서 모두가 다 출세라는 월계관을 쓸 수 없다는 진리를 깨닫지 못한다. 서로 치받으며 달리다보니 자신이 정한 목표에 도달하지 못해 자신감을 잃고 삶의 활력이 소진되어 버리기 십상이다. 골인을 향해 달리다 지치고 마침내 퍼져버리면 세상을 탓한다.

지금과 같은 불확실성 시대에 많은 사람들의 삶은 하루하루가 걱정거리와 불안감으로 가득 차 있다. 힘든 직장취업, 치열한 사회경쟁, 빈번한 구조조정, 불안전한 노후생활 등으로 힘들다. 그 속에서 자신들이 꿈꿔 왔던 것들을 저버릴 때가 많아진다. 그러면서도 출세를 향해 뜀박질하며 그래야 행복에 가까워질 수 있다는 생각에 빠져있다.

출세는 치열한 경쟁을 뚫고 쟁취하는 것이기에 출세하지 못하면 박탈감과 상실감에 젖어들게 되어 있다. 행복을 내면적인 가치의 성공보다 외형적인 조건의 출세에 두고 있기 때문이다. 경쟁에서 뒤지면 출세하지 못해 불행하다고 치부해 버리는 것이다.

사람이 궁극적으로 추구하는 것이 행복이다. 그 행복이 출세가 아닌 성공의 방식으로 이루어지는 것이 가장 이상적이다. 고대 철학자 아리스토텔레스도 인간이 지향해야 할 가치를 '에우다이모니아eudaimonia', 곧 '행복한 삶'으로 규정했다.

지금 한국 사람들의 행복도가 낮다는 것은 물질적으로는 여유로워졌는데도 정신적으로 부족하다는 것을 반증한다. 그것이 세계국가 기준으로 볼 때 한국의 행복지수가 최하위에 머물러 있는 이유다.

"한국은 지나치게 물질중심적이고, 이는 한국의 낮은 행복도로 나타난다."

긍정 심리학 분야의 세계 권위자인 미국 일리노이대 에드 디너 교수가 인터뷰를 통해 한 말이다. 에드 디너 교수는 한국의 행복도가 낮은 이유에 대해 '너무 지나치게 물질적인 것에 치중하고 있어서 사회적 관계나 개인의 심리적 안정 등 다른 가치를 희생하기 때문'이라고 했다. 출세에만 가치를 두었기 때문에 인간관계나 개인의 취미 등과 같은 곳에서 얻을 수 있는 행복을 등한시하고 있다는 것이다.

나는 이 책에서 일관되게 성공과 출세라는 개념을 구분 짓고 있다. 출세란 말이 조선시대에는 과거 시험에 합격해 벼슬하는 것을 의미했다. 몸을 바로 세워 세상에 이름을 날리는 것, 그것을 중요하게 여겼던 유교사상의 입신양명立身揚名이 곧 출세였다. 조선시대 그 말이 나타내는 바가 그대로 오늘에 와서도 사회문화적 현상으로 고착된 것이다.

관직의 우리말인 '벼슬'은 정말 대단한 것이다. 아무나 쉬이 다가갈 수 없는 위치다. 전근대 신분제 사회에서 관직은 사회적 신분과 부富와 명예와 밀접한 관계를 갖는 중앙집권적 관료체계에 속했다. 그런 개념이 지금도 사람들의 인식 가운데 자리잡고 있다. 최근에 그러한 인식이

한 정부 고위 관료의 입에서 튀어 나온 것이다. 그 특별히 선택된 자들만이 누리는 출세를 성공이라고 한다면 출세를 하지 못한 사람들은 모두 성공하지 못했단 말일까? 그건 아니다.

이제는 보편적인 성공이 주류 가치가 되어야 한다. 나는 우리말에서 성공과 출세를 구분하려고 하지만 영어에서도 이 두 가지를 이렇게 구별하고 싶다.

'success'는 라틴어의 'succedere'에서 유래되었다. 이 말을 분석해 보면 'suc under+cedere to go', 한마디로 '밑으로 간다 going beneath'는 뜻을 담고 있다. 고대 시대에는 성공을 '위로 가는 것'이라고 여기지 않았다. 오히려 '낮은 데로 나아가는 것'이라는 뜻을 성공으로 표현한 것이다.

그렇다면 성공의 한자를 살펴보자. '成功', '목적하는 바를 이룬다'는 뜻이다. 여기에서 좀 더 자세히 들여다보면 '功'은 '어떤 목적을 이루는 데에 힘쓴 노력이나 수고'를 일컫는다. 우리가 연상하는 출세 出世와는 사뭇 다른 뉘앙스의 의미를 내포하고 있다.

겸손함과 섬김의 삶을 산 20세기의 태양이라고 불리는 알버트 슈바이처 박사의 일화다. 슈바이처 박사가 시카고를 방문할 일이 있었다. 시장을 비롯한 유명 인사들이 슈바이처 박사를 환영하기 위해 열차가 도착하기를 기다리고 있었다. 기다리던 열차가 도착하여 슈바이처 박사가 기차에서 내려 시장을 향하여 오다가 한 할머니가 힘겹게 가방 두 개를 들고 열차를 타러 오는 모습을 보게 됐다. 박사는 그쪽으로 뛰어 가 할머니의 두 가방을 들고 기차 안으로 들어가 그 할머니의 짐을 들 어다 주고 좌석을 찾아 앉혀드린 후 내려와 시장이 있는 데로 갔다.

'시장님, 미안합니다. 평소의 버릇대로 실수를 했습니다'라고 하였 다. 그 일이 있고 난 후 모든 신문들은 노파의 가방을 들고 가던 슈바이 처 박사의 사진과 함께 그의 섬김의 자세를 소상하게 보도하였다.

테레사 수녀가 어느 날 한 어린이의 상처를 지극한 정성으로 치료 해주고 있었다. 그때 인근에 살던 한 주민이 그 모습을 보고 이렇게 물었다.

"수녀님은 잘 살거나 높은 지위를 가진 사람들이나 편안하게 잘 사 는 사람들을 보면 부러운 마음이 안 드시나요? 이런 삶에 만족을 하십 니까?"

그러자 테레사 수녀의 대답은 이러했다.

"허리를 굽히고 섬기는 사람에게는 위를 쳐다볼 시간이 없답니다."

참된 성공이나 위대함이란 섬기는 삶에서 찾아야 한다. 섬김의 폭이 넓을수록 그가 위대한 인물인 것이다. 그런데 사람들은 좁은 생각으로 언제나 섬김을 받는 위치를 선망한다. 또 그것을 성공으로 생각하지만 그것은 이 책에서 말하는 출세의 개념이다. 진정한 성공은 '받들음'의 대상이 아니라 그 실행의 주인공이 되어야 한다. 그리스도는 '참으로 크고 높은 자는 섬김을 받는 자가 아니라 섬기는 자'라고 하셨다. 예수

님께서도 섬기기 위하여 세상에 오셨다고 하신 것이다. 섬김의 삶이 참다운 성공의 길이다.

성공은 군림하는 것도 아니요, 지배하는 것도 아니요, 장악하는 것은 더더욱 아니라는 것을 알 수 있다. 어떻게 보면 낮은 데로 임하는 겸허와 온유와 배려의 정신이다. 곧 그러한 특질이 진정한 성공의 문을 열수 있는 마스터키다.

'특질이론trait theory'이란 것이 있다. 이것을 '자질이론'이라고도 한다. 인간의 성격이 독특한 특성으로 구성되어 있으며, 그 구조가 개인의 행위를 결정한다고 보는 이론이다. 곧 개인의 성격을 구성하는 특성이 무엇인가를 밝혀내려는 이론인 것이다. 여기에서 특질이란 무엇일까?

한 개인의 사고나 행위의 일관성이 있으면서 또 다른 사람과 구별되는 독특한 특성을 갖게 만드는 소질을 뜻한다. 각 개인이 갖는 독특한 특질의 집합이 바로 '퍼스낼리티', 즉 '개성'이다. 조직에서는 구성원들의 이러한 자질들을 파악하여 그 유형에 토대한 개인차에 따라 보직과 승진 등 인력관리를 하게 된다.

 성공하는 사람의 기본특성

　　　　• 모든 일에 자신감이 있다.

- 주위 누구에게도 개방적이다.

- 늘 정서적으로 안정적이다.

- 생각할 때는 언제나 상상적이다.

- 일을 하는데 실질적, 실용적이다.

- 다른 사람과 화합하며 신뢰적이다.

- 사람관계에서 솔직하고 양심적이다.

- 매사에 자제력이 있고 감성적이다.

- 자기계발에 나서며 지성적이다.

- 환경에 순응하면서도 진취적이다.

경영학 관점에서 보면 성공은 보스십이 아닌 리더십의 또 다른 표현일 수가 있다. 성경에 '온유한 자는 복이 있나니 그들이 땅을 기업으로 받을 것임이요'라는 말씀이 있다. 그것이 바로 성공의 가치일 것이다.

우리는 지금 21세기를 거슬러 오면서 하루가 달리 더욱 빠르게 변화하는 세상에 살고 있다. 이제는 '성공하는 인간' 곧 '호모 석세드레Homo Succedere'의 시대다.

노블레스 오블리주의 긍정

영어에 'The world is your oyster!'라는 표현이 있다. '모든 일이 잘될거야!', '세상은 네 뜻대로 될 수 있어!'라는 뜻이다. 이것은 우리에게 긍정의 힘을 주는 말이다. 1%의 출세보다 99% 성공의 메시지를 심어주고 있다. 긍정의 가치를 내면화시켜 완전히 내 것으로 만드는 것은 의미 있는 일이다. 긍정의 마인드세트mind-set를 갖는 것은 인생에서 성공하는 길이다.

성공은 내면적인 보람이며 출세는 외형적인 충족이다. 인간적 성공은 누구에게나 균등한 기회로 다가올 수 있다. 하지만 사회적 출세는 한정된 부류에게만 주어지는 것이다. 외형적으로 권력, 재력, 명예가 쥐어지는 사회적 출세는 세월이 지나고 환경이 변하면 사라질 수도 있다. 그러나 내면적으로 체험하는 만족, 배려, 보람, 긍정, 자긍심이 중심이 된 인간적 성공은 어떤 여건에서도 변하지 않는다. 출세는 상대적인 비교가 되지만 성공은 절대적인 자기만의 가치다.

'해비타트Habitat for Humanity'라는 운동이 있다. 해비타트는 열악한 조건의 주거환경에서 살아가고 있는 사람들에게 집을 지어 주는 국제적, 비영리적 비정부 기구다. 해비타트는 '주거환경', '거주지', '보금자리'라는 의미를 가지고 있다. 집으로서 구실을 할 수 있는 거주지를 가지지 못한 사람들에게 '간단하고, 제대로 된, 감당할 수 있는simple, decent, and affordable' 집을 지어주자는 게 설립목적이다.

이 사회적 운동은 2012년 현재 95개의 국가가 전 세계적으로 활동하고 있다. 한국에는 1992년 정근모 박사가 이사장, 고왕인 박사가 실행위원장이 되어 해비타트 한국운동본부가 발족되었다.

이 해비타트를 창시한 사람은 미국 조지아주에 있는 밀러드 폴러 변호사였다. 그는 가난한 가정에서 태어나 백만장자를 꿈꾸며 로스쿨 학생시절에 벤처사업을 시작해 20대에 그 꿈을 이루게 되었다. 일약 백만장자 대열에 오른 그는 '자신이 진정 원하는 것이 무엇인지'에 대해 고민하기 시작했다. 그러던 어느 날 집 없는 사람들의 고통스런 삶을 목격하고 '이제부터 집 없는 사람들을 위해 봉사를 해야겠다'라는 한 가지 결심을 했다.

그는 가지고 있던 모든 재산을 정리해 교회와 대학, 자선단체에 기부하고 새로운 삶을 시도했다. 그리고는 집 없는 사람들에게 조그마한 보금자리를 마련해 주는 해비타트 운동을 시작한 것이다.

이 운동은 미국 전역으로 확산되었다. 지미 카터 전 미국 대통령도 톱과 망치를 든 연장가방을 들고 집 없는 사람들에게 거처를 마련해 주는 데 동참했다. 전 세계에서 이 운동을 통해 30만 가정, 150만 명에게 새 집을 마련해주게 되었다. 한 사람의 헌신이 엄청난 사랑의 폭발을 일으켰다.

마이크로소프트 창업주인 빌 게이츠와 버크셔 해서웨이 회장인 워런 버핏은 전 재산의 99% 이상을 사회에 기부하겠다고 밝혔다. 또한 페이스북의 창립자인 마크 저커버그는 보유 주식 약 450억 달러52조 원인 그의 페이스북 지분 중 99%를 사회에 기부하겠다고 했다. 저커버그는 새로 태어난 딸의 미래를 생각하며 인간의 평등과 잠재력 증진을 위해서라고 했다.

이러한 사회 리더들은 인생에서 출세인이며 동시에 성공인이다.

요즘 우리사회에 부유계층들의 '갑질'이나 부도덕한 행태가 자주 사회적 논란이 되고 있다. 이렇게 도마에 오르는 사람들 중에는 대기업 총수, 정치인, 대학교수, 관료, 공공기관장 등 다양한 분야의 세도가들이다.

진정으로 노블레스 오블리주를 실천한 신화적 존재 같은 경영인이 있다. 바로 유일한 유한양행 창업주다. 전에 SBS TV 〈그것이 알고 싶다〉에서는 1971년 세상을 떠난 그 창업주의 숨겨진 일화를 소개했던 적이 있다. 무엇보다 창업주 오너의 철학이 담긴 유언장 내용은 모두에게 감동을 선사했다.

"손녀의 등록금을 제외한 모든 자신의 재산을 사회에 전액 기부한다. 아들은 대학 공부를 다 시켰으니 자립해서 살아가라."

그 분은 생전에 기업을 경영하면서도 다음과 같은 소신을 실행한 것으로도 유명하다.

"회사에 오너 친척이 있으면 회사 발전에 저해가 됩니다. 그래서 내가 살아 있는 동안 내 친척들을 회사에서 다 몰아내겠소."

그의 말대로 유한양행의 임원이던 아들과 조카를 회사에서 내보내는 단호한 결정을 내렸다. 윤리경영의 큰 교훈을 준 그분은 우리나라에서 기업으로 획득한 이윤을 세상에 함께 나누는 정신을 몸소 실천하셨다. 바로 '기업의 사회적 책임CSR'을 최초로 도입한 역사에 남을 경영인이다. 명실상부하게 출세와 성공을 함께 거둔 우리 사회의 롤모델이 아닐 수 없다.

가치 있는 일을 하시오!

성공하는 사람은 가치 있는 일을 하는 사람이다. 어느 자리, 어느 위치에 있던 자신이나 사회를 위해 가치 있는 일을 하는 그런 사람들이야말로 진정 성공을 거둔 것이라고 할 수 있다. 인류를 위해 위대한 공헌을 한 알베르트 아인슈타인은 성공의 모델이었다. 그는 항상 주위에 이렇게 말했다.

"출세하는 사람이 되려고 하지 말고 가치 있는 사람이 되도록 하시오!"

그는 인생을 자전거 타는 것에 비유했다. 자전거가 넘어지지 않고 균형을 유지하려면 페달을 밟아 계속 달려나가야 한다는 것이다. 그는 10년 동안 자기 분야에서 끊임없는 연구에 매진해 '상대성 이론'을 밝혀냈다. 그 결과 그는 노벨상을 수상한 세기의 가치 있는 물리학자가 된 것이다.

아인슈타인은 성공을 거둔 당대 최고의 과학자였다. 하지만 인간적으로는 아주 겸손하기 그지없었던 학자의 성품을 지니고 있었다.

그에 대한 재미있는 일화가 있다.

아인슈타인이 처음 상대성 이론을 발표했을 때, 학계에서는 시큰둥한 반응을 보였다. 미국 《뉴욕타임스》가 그 이론을 1면 기사로 소개하자 일약 유명한 '아인슈타인 박사'로 명성을 얻게 됐다. 미국 전역의 각 대학에서 물리학에 대한 강연 요청이 쇄도했다.

전국의 강연 일정에는 운전기사 해리가 언제나 아인슈타인을 모시고 다녔다. 매 강연 때마다 해리는 강당 뒷줄에 앉아 강연을 경청하는 것을 좋아했다. 그러던 어느 날 강연을 마치고 차에 오르는 아인슈타인에게 해리가 조심스럽게 말을 꺼냈다.

"교수님, 제가 교수님 강의를 수없이 많이 들어와서요. 혹시 필요하시면 제가 한번 대신 강연을 해보면 안 될까요? 완벽하게 할 수 있을 것 같아요."

몇 주 후 브라운대학이라는 데서 강의를 하게 되었다. 그런데 강연이 시작되기 직전에 아인슈타인이 그만 갑자기 몸에 탈이 나버렸다. 아인슈타인은 전에 해리에게 들은 것도 있고 해서 그에게 부탁을 할 수밖에 없었다.

"여보게, 오늘 내가 몸 상태가 좀 좋지 않네. 그래서 말인데 이 대학에서 나를 알아보는 사람이 없을 테니 자네가 아인슈타인이라고 하고 강연을 좀 해주게나. 그럼 나는 그동안 자네처럼 뒷줄에 앉아 좀 쉬겠네."

해리는 기다렸다는 듯이 '네, 그러시죠'라고 대답했다.

그날 오후 아인슈타인을 대신하여 강단에 선 해리는 능숙하게 강연을 마칠 수가 있었다. 그동안 아인슈타인은 뒷줄 의자에서 운전사인 척하며 눈을 좀 붙여 피로를 풀었다.

운전기사가 강연을 마치고 연단에서 내려오려는데 아니나 다를까 학생 한 명이 복잡한 계산과 방정식이 들어가는 상대성 이론에 대한 질문을 가지고서 해리에게 다가왔다. 그러자 해리가 재치 있게 받아 넘겼다.

"아 그거요. 아주 정말 간단해요. 그럼요. 그건 너무 간단한 거라서 내 운전기사 양반한테 대신 답변하라고 하지요!"

밥 딜런은 유대인 출신의 싱어송라이터이며 시인이자 화가다. 그는 사회상을 잘 보여주는 노랫말로 1960년대부터 비공식 작자와 저항음악의 대표로서 많은 사랑을 받았다. 세상의 변화를 갈구했던 밥 딜런에게 '성공은 무엇이라 생각하느냐?'고 묻자 그는 이렇게 답변했다.

"아침에 일어나서 밤에 잠자리에 들고, 그 사이에 자기가 하고 싶은 것을 한다면 그 사람은 성공한 거 아닌가요?"

사람은 자기가 하고 싶은 일을 할 때가 가장 행복하다. 그것이 바로 성공이다. 하고 싶은 일에 열정을 쏟는다면 그것 자체가 즐겁고 스릴 넘치는 일이다. 다음에 오는 결과가 크던 작던 간에 있는 그대로 받아들이는 자세를 갖고 만족감을 느끼면 그만이다. 성공하는 사람은 절대로 야랑자대夜郞自大, 즉 자기 역량을 파악하지 못하고 위세부리지 않는다.

결과는 100이 될 수도 있고, 80이 될 수도 있고, 50이 될 수도 있다. 그런데 그 목표를 100이라는 데 두어 그 결과를 얻지 못하면 사람들은 좌절감을 느낀다. 그것은 높은 결과의 달성 수치와 비교를 하는 데에서 비롯된다고 할 수 있다. 주어진 상황에서 최선의 노력을 경주한다면 반드시 결과는 나오게 되어 있다. 중요한 것은 계속 노력하다보면 언젠가는 지금보다 더 나은 결실을 얻을 수 있다는 플러스적 사고를 갖는 것이다. 그것이 바로 긍정의 정신자세다. 신체적, 정신적, 사회적 환경 속에서 현재에 만족감을 누리며 미래에 기대감을 갖게 되면 긍정의 힘이 생성되는 것이다. 그것이 미래의 꿈을 이어가는 원동력이 될 수 있다.

현재에 작은 것일지라도 주관적인 만족감을 갖지 않고 미래의 큰 것만 기대한다면 그 만족스러운 큰 것은 영원히 내게 오지 않을 것이다. 항상 더욱더 큰 것을 좇기 때문이다. 그렇게 되면 현실을 무시하고 이상만 추구하는 망상가라는 소리를 듣기 쉽다.

성경에 '범사에 감사하라'라는 말씀은 작은 것일지라도 만족할 줄 알아야 한다는 뜻이다. 실패했을 때에도 만족해할 수 있다면 그 사람에게는 성공의 기회가 오게 되어 있다. 실패도 감사로 여기는 조건인 것이다.

코코 샤넬은 프랑스 패션계에서 샤넬 브랜드의 창시자였다. 프랑스 남서부의 오벨뉴 지방의 소뮈르에서 태어난 샤넬은 불행한 어린 시절을 보냈다. 그럼에도 어려운 환경을 극복하고 세기의 연인들에 둘러싸여 독립적이면서 창조적인 삶을 살았다. 그녀는 '성공은 실패라는 게 무엇인지도 모르는 사람들이 대개 거두는 것'이라고 했다. 실패를 실패로 받아들이지 않는 긍정의 태도를 의미 하는 것이리라.

세계적인 거부 록펠러는 세 가지 기록을 가지고 있다. 첫째는 자선의 기록이다. 그는 록펠러재단을 만들어 남을 위해 사랑을 베풀었다. 둘째는 인생역전의 기록이다. 그는 매우 가난해서 처음 만난 여인에게 '가능성이 없는 가난뱅이'로 몰려 버림을 당했다. 그러나 그 비방을 자극제로 삼아 세계에서 가장 부유한 재벌로 우뚝 섰다. 셋째는 장수의 기록이다. 그는 98세까지 건강하게 장수를 했다.

록펠러가 이러한 3대 기적을 창출해 낸 가장 큰 원동력은 감사의 마음이었다. 감사는 긍정을 잉태하고 긍정은 성공을 탄생시킨다.

인생에서 기회라는 것은 정해진 순서대로 오는 게 아니다. 개인마다 가장 적합한 환경과 시기가 되었을 때에 스스로 문을 열고 찾아오는 것이다. 그것은 인간의 힘으로 제어할 수도 지배할 수도 없다. 절호의 기회란 개인의 영역이 아닌 신비감에 쌓인 우주의 기운이 작동해야 싹트게 되는 법이다. 그것이 바로 긍정의 힘이다. 세상 사람들은 그것을 '운빨'이라고 부른다.

사람들은 자신들이 통제하지 못하는 상황에서 일어나는 모든 일을 운이나 재수로 때운다. '오늘은 운이 좋았어' 아니면 '어째서 이토록 재수가 없지!' 등 운은 좋은 일의 행운과 나쁜 일의 불운으로 구분된다.

미국 듀크 대학의 심리학자인 라인 박사는 '당신이 받아들이는 운은 당신 스스로 결정짓는 것이다'라고 단정한다. 좋지 않은 일이 있었다고 하자. 그것은 우리의 마음속 생각의 부정적인 면이 잠재의식 속에 내재하여 무의식적으로 잘못된 생각이나 행동의 결과물을 낳은 것이다.

그렇다면 행운을 불러들이기 위해서는 어떻게 하는 것이 좋을까? 그것은 어떤 일을 할 때 나쁜 결과를 상상하지 말고, 부정적인 말을 입 밖에도 내지 말고, 나쁜 그림을 마음속에 그리지도 않는 것이다.

그 대신 긍정적인 말을 하면서 성공한 모습을 구체적으로 당당하게 마음속에 품어야 한다. 품는다는 것은 결과를 더 강렬하게 간구하여 뜻대로 되었다는 완료형 확신감이다. 무엇이든지 성공할 때까지 긍정의 생각과 긍정의 말을 계속하라. 단순히 행운을 불러들이는 말이라도 계속 하면 좋은 일이 생길 것이다.

운이 좋은 사람이 되고 싶다고요? 방법은 무척 간단합니다.
그저 '운이 좋다', '운이 좋다'라고 말하면 됩니다.
'운이 좋다'는 말을 입에 달고 다니십시오.
어렵고 짜증나는 일이 생기면 바로
'나는 운이 좋다'라고 말해 보십시오.
세상이 바뀌게 될 것입니다.

- 사이토 히토리『부자의 운』에서

행운을 불러오는 열정

　모든 기회는 임자가 따로 있다. 자신에게 가장 적합한 기회는 가장 효과적인 시기를 기다렸다 오는 것이다. 흔히 '인생을 살다보면 세 번의 큰 기회가 온다'고 한다. 그것은 바로 이런 뜻이다.

　어떤 사람이 길을 가다가 차돌처럼 생긴 주먹만 한 다이아몬드 원석을 주웠다. 그 사람은 그게 보석인 줄 모른 채 그냥 차돌멩이라고 생각하고 버려버렸다. 그런데 뒤따르던 사람이 앞서 버린 돌멩이가 보석이라는 것을 알고 챙겼다고 한다.

　뒤늦게 갔지만 그 보석의 주인은 누구일까? 바로 기회의 주인공이다. 어쩌면 그 기회를 잡은 사람더러 행운이라고 할 수도 있다. 그러나 그에게는 뭔가 그 보석의 주인이 될 수밖에 없는 필연이 있었을 것이다. 그에게 '훈련된 긍정'이 있었던 것은 아니었을까?

열정은 어떤 일을 하는 데 필요한 것보다 조금 더 활력energy을 쏟는 것이다. 그것은 단순히 열의를 갖는 것과 열심히 하는 것 이상이다. 보다 더 강렬한 의지로 행동에 옮기는 긍정적인 정신자세를 가리킨다. 다시 말해 열정은 본능, 감정, 이성, 지성, 의지를 행동으로 결집시키는 것이다. 〈고도원의 아침편지〉에 다음과 같은 글이 나온다.

"열정은 사람에게 꿈을 꾸게 합니다. 계획을 세우게 만듭니다. 이루어내게 도와줍니다. 열정 없이는 아무리 위대한 비전, 거대한 꿈도 이루어낼 수 없습니다. 영혼의 불꽃처럼 안에서 타오르는 에너지, 그 무한대의 힘이 열정입니다. 열정의 가장 무서운 적敵은 태만과 자포자기입니다."

세계 최고의 석학 아인슈타인은 일곱 살 때 겨우 글을 깨우치기 시작한 늦둥이였다. 베토벤은 음악 교사로부터 '음악에 전혀 소질 없는 아이'로 평가받았다. 발명왕 토머스 에디슨의 담임은 그를 '교사생활 12년에 이처럼 멍청한 아이는 처음'이라고 평했다. 영국인들로부터 가장 존경받는 인물인 윈스턴 처칠은 6학년을 두 번 다닌 학습 지진아였다. 세계적인 기업가 울워드는 점원노릇을 하던 20대 초반, 가게 주인으로부터 '사업에 소질 없는 무능력자'라는 핀잔을 들었다.

이 사람들은 최악의 환경을 극복하고 자신의 분야에서 혁혁한 업적을 남겼다. 이들에게는 한 가지 공통점이 있다. 열정과 끈기다. 주위의 혹평을 오히려 자극제 삼아 매진한 것이 성공의 비결이었다. 열정을 가진 사람은 어떤 난관에도 굴복하지 않는다.

어느 분야에서든 진정으로 성공한 사람들의 공통점은 자신의 일에 최선을 다하는 열정이 있었다. 각자의 분야에서 최선을 다해 열심히, 아주 열심히, 그것도 즐겁게, 기쁜 마음으로 혼신을 다한 것이다. 그 자체로도 결과와 상관없이 그들은 이미 성공의 길에 올라선 셈이다.

미국 최고의 동기부여 강연가이자 스포츠 전문가인 팻 윌리엄스가 있다. 그는 농구의 신이자 '20세기를 빛낸 영웅'으로 우뚝 서게 된 마이클 조던의 모든 특성들을 면밀히 분석했다. 그랬더니 조던의 현란한 플레이와 농구 기술, 체력이라는 화려한 재능 이면에 숨어 있는 성공요인을 찾아냈다. 바로 조던의 피나는 노력, '지금 여기에' 100% 몰입하는 집중력, 열정, 집념, 승부근성 등이 있었다. 한 번은 농구 캠프에서 한 참석자가 조던에게 물었다.

"어렸을 때 하루에 몇 시간씩 연습했나요?"

그러자 조던은 대답했다.

"시간 같은 건 신경 쓰지 않았어요. 시계를 본 적도 없어요. 지칠 때까지, 아니면 어머니가 저녁 먹으라고 부를 때까지 연습했거든요."

한마디로 자신의 일에 대한 열정이 그를 농구 천재로 만든 것이다.

수전 손택은 25세에 하버드대 철학 교수가 된 천재다. 그녀는 '미국 지성계의 퍼스트레이디', '미국 문단의 악녀', '살아있는 전설'로 불리는 인물이다. 그녀의 위대한 작품들은 각고의 노력이 쌓인 열정의 결과물이다. 그녀는 30페이지의 에세이 한 편을 쓰기 위해 무려 3,000매의 원고를 채웠고, 각 페이지마다 30~40개의 초고가 필요했다.

"경쟁자를 생각해 본 적이 없습니다. 다만 저는 스케이트를 너무 좋아합니다. 그래서 1년에 7,000번 넘어져도 또다시 일어서서 할 수 있는 이유도 거기에 있습니다. 무엇보다도 내게 주어진 시간과 환경에 최선을 다하며 즐길 뿐입니다."

어느 기자가 피겨 스케이팅 세계선수권대회를 나가게 된 김연아 선수에게 질문을 하자 돌아온 답변이다. 7,000번을 넘어져도 오뚝이처럼 오로지 자신의 일에만 올인하는 열정. 이러한 마음의 태도가 김연아 선수를 'only one'뿐만 아니라 'No. 1'으로 만들었는지도 모른다.

생각의 힘이란 대단하다.

한 청년이 알프스 산을 구경하고 있었다. 그는 준비해간 물이 떨어져 심한 갈증을 느꼈다. 그때 그는 알프스 계곡 사이에 있는 맑고 깨끗한 호수를 발견하게 되었다. 이 청년은 단숨에 물을 꿀꺽꿀꺽 마셨다. 몹시 시원한 물이었다.

물을 실컷 마시고 발길을 돌리는 순간 그는 '포이즌poison'이라고 쓴 경고판을 보았다. '이 물속에 독이 들어 있다니……' 그것을 보는 순간 청년의 몸에서는 열이 나기 시작했고 심한 구토증세를 보이기 시작했다. 온몸이 떨리고 얼굴이 창백해져서 그는 병원으로 달려갔다. 자초지종을 들은 의사는 웃으면서 말했다.

"당신이 게시판을 잘못 보았군요. 그것은 '포이즌'이라고 쓴 것이 아니라 '포이존poisson·낚시금지'이라고 쓴 것이오."

이 청년은 '포이존'을 '포이즌'으로 잘못보고 야단법석을 떨었던 것이다. 의사의 말을 듣자마자 청년은 열이 내리고 구토도 멈추고 깨끗이 나았다고 한다.

생각의 힘은 '플라세보 효과Placebo Effect'와 같은 이치다. 즉 심리적 위약僞藥 효과다. 효과가 없는 젖당·녹말·증류수·생리식염수 등의 '속임약'을 특정한 유효성분이 있는 것처럼 위장하여 환자에게 투여했을 때, 환자가 안심하고 긍정적인 생각을 갖게 해서 병을 고치는 데 도움이 되는 현상이다.

03

긍정의 힘은
성공의 열쇠

세상에는 주로 낙관주의자들이 승리하게 되는데 그것은 그들이 항상 옳아서가 아니라 긍정적이기 때문이다. | 데이비드 렌즈

가까이 숨겨진 행복이라는 진주

누구나 원하고 있는 행복은 뭘까?

흔히 돈이 많으면 행복하다고 생각하기 마련이지만 행복심리학을 연구한 에드 디너 교수는 그렇지 않다고 말하고 있다. 빈민가에 사는 사람들이나 초부유층의 행복수준은 크게 차이가 나지 않는다는 것이다.

연구에 따르면 부자든 가난한 사람이든 돈보다는 가족, 친구, 건강, 목표, 신앙심 등이 행복한 삶을 사는데 훨씬 중요하다고 여기고 있다. 이러한 요소들은 결국 물질적인 것보다 정신적, 정서적인 가치들이 행복의 조건이 된다는 것을 말해주고 있다.

미국의 해리스라는 사람이 정초 미국 사람들에게 설문 조사를 한 적이 있다.

"새해에 당신들의 최대의 소망은 무엇입니까?"

이 여론 조사 결과 응답자 중 96%가 '행복한 가정생활'을 원한다는 통계가 나왔다. 그에 비해서 '돈을 많이 벌어 잘 살고 싶다'는 사람들은 1.8%에 그쳤다고 한다.

유대인의 명언 중 '이 세상에서 가장 부유한 사람은 누구인가?'라는 물음에 '자기가 가진 것으로 만족하는 사람'이라는 말이 있다. 세상을 살면서 물질에 대한 욕망을 갖는다 해도 그것이 희구하는 대로 충족될 수는 없다. 하지만 정신적이고 정서적인 만족을 느끼고 싶은 욕구를 채우려는 노력을 하는 것은 바람직하다.

해비타트의 창시자인 밀러드 풀러를 앞에서 언급했지만 그의 개인적 사연을 들어보면 행복의 기준을 다시금 생각하게 된다. 밀러드 풀러는 20대에 변호사가 되기 전 사업으로 큰 재산을 모았다. 돈맛을 안 그는 돈 모으는 재미에 빠져 휴일도 없이 일했다. 자연히 아내와 멀어지게 되고 재롱부리는 아이들에게도 관심이 멀어졌다. 이로 인해 결혼 5년여 만에 아내는 '돈만 추구하는 의미 없는 삶을 살아갈 수 없다'라며 별거를 요구했다. 아내는 '자신의 욕망만을 생각하고 남을 위해 살지 않는 우리의 삶이 무슨 의미가 있겠느냐'라는 것이었다. 아내의 말에 큰 충격을 받은 그는 지난날을 곰곰이 생각했다.

'도대체 무엇을 위해 그렇게 바쁘게 뛰었던 것일까?'

그는 사업 때문에 자신이 진정 원하는 것을 모두 잃어버렸다는 것을 깨달았다. 그는 아내를 찾아가 눈물을 흘리면서 대화를 나눴다. 아내는 가슴속에 쌓인 응어리를 모두 털어놓았고, 두 사람은 소중한 것을 바탕으로 인생을 다시 설계하기로 굳게 약속했다. 이것이 밀러드 풀러 인생의 변곡점이 된 것이다.

젊어서 모든 사람이 동경하는 삶을 살아본 밀러드 풀러는 부나 명성이 인생의 전부가 아니라는 진리를 깨달았다. 지금 해비타트 운동은 현대적 박애주의 운동의 상징으로 인지되고 있다. 밀라드 풀러가 벤처 사업가로 얻은 백만장자라는 엄청난 명예와 부를 계속 탐닉하고 있었다면 어땠을까?

그는 부를 내어놓은 대신 인류애를 위한 디딤돌을 놓은 것이다. 있다 없어질 수도 있는 물질보다도 영원히 함께 할 행복을 찾은 것이다.

영국의 어느 일간지가 '누가 이 세상에서 가장 행복할까?'라는 제목으로 현상모집을 한 적이 있다. 거기에서 1위로 당선 된 것은 '모래성을 쌓는 어린아이'였다. 그 다음으로 '아기를 목욕시키는 엄마'였고, 3위는 '큰 수술을 가까스로 성공하고 막 수술실을 나서는 의사'였다. 4위는 '작품의 완성을 앞두고 콧노래를 흥얼대는 예술가'가 선정되었다.

이것을 종합해 볼 때 행복을 소망하는 데는 크게 세 가지 공통점이 있었다. 첫 번째는 자신이 하는 일이 무엇이든 하고픈 마음을 담뿍 담을 수 있는 즐거움의 대상이었다. 두 번째는 자신의 위치에서 최선을 다 할 수 있는 일이었다. 세 번째는 지나치게 엉뚱한 욕심을 부리지 않았다는 것이다.

우리는 행복을 매우 추상적으로 생각하지만 그것은 결코 먼 곳에 있지 않다. 행복은 작고 보잘 것 없는 것에도 담겨져 있다. 단지 우리가 그것을 무시하거나 간과하고 있었을 뿐이다. 오로지 큰 행복만을 좇아가면 그 행복은 내게서 더 멀어질 수도 있다. 소설가인 나다니엘 호손은 '행복은 나비와 같다'고 했다.

"행복은 나비다. 당신이 좇아다니면 늘 잡을 수 없는 곳에 있지만, 조용히 앉아 있으면 당신에게 내려앉을지도 모른다."

호손은 나비를 잡으려면 달려가던 길을 잠시 멈추고 조용히 앉으면 나비가 어깨에 내려앉을 수 있다는 것이다. 행복도 마찬가지로 욕심을 버리고 조용히 숨을 고르면 어느새 내 곁에 행복이 다가올 수 있다. 그만큼 행복은 내 가까이에 있다.

내가 가진 것이 없어 보이는 건 진짜 가진 게 없는 것이 아니라 내 자신에게 만족할 수 없기 때문일 것이다. 결국 내가 나를 바라다보는 눈이 달라져야 한다. 많은 사람들이 무언가 더 많이 가지면 더 행복할 것이고 더 중요한 사람이 되면 더 안전할 것이라는 착각을 가지고 있다. 소유물은 결코 장기간 만족을 주지 못한다.

지금 우리는 과거 어느 때보다 더 많은 물질을 갖고, 자유를 누리며 행동의 제재를 받지 않고 살아가고 있다. 그런데 갖고 싶은 것, 가고 싶은 것, 하고 싶은 것을 마음대로 하면서도 기쁨이 없다. 어떻게 보면 물질은 넘쳐나는데 기쁨을 잃어버려 행복을 느끼지 못하는 시대다. 물질주의적 출세관 때문이다. 물질주의적 출세관은 현재의 만족보다 미래의 '더 큰 것'을 이뤄내 그 속에서 충족감을 만끽하려고 한다. 미래의 '더, 더, 더'라는 한없는 욕망에 몰입되다보니 내적 통제가 되지 않는 것이다.

성공학의 대가인 브라이언 트레이시는 '삶을 지배하라!'라고 외치고 있다. '사람은 자신의 삶을 지배하고 통제하는 만큼 행복해질 수 있다'라는 것이다. 또 '자신의 삶을 통제하지 못한다고 느끼는 만큼 불행해진다'고도 말했다.

현대 심리학에 '통제소재이론Locus of Control Theory'이라는 것이 있다. 이것은 인간의 통제중심은 삶의 각 영역 가운데 통제력이 존재한다고 느끼는 곳에 있다는 이론이다. 이 통제중심은 다른 어떤 요소보다 인간의 행복과 불행에 영향을 미친다는 관점이다.

이제는 현재의 삶에서 기쁨을 찾고 진정한 행복을 회복해야 한다. 그러기 위해서는 사회적 출세보다는 인간적 성공을 추구하는 사람이 되도록 관점을 바꿔야 한다. 그것이 행복의 첩경이다.

'지족자부知足者富'의 정신, 곧 자기 분수에 만족할 수 있는 사람이 부자다. 또 '접화군생接化群生'의 철학이기도 하다. 사람이 만나서 감화하며 함께 사는 것, 바로 공동체 정신을 말한다. 나만 잘났다고 위세부리고 호기부리는 짓이 아니다. 모두가 어울려 함께 진실해야 세상에 화평이 깃든다. 각박해진 세태 속에서 진실된 마음으로 소통할 때 비로소 평화롭고 행복한 세상이 되리라.

'마른 떡 한 조각만 있고도 화목한 것이 제육이 집에 가득하고도 다투는 것보다 나으니라'라는 성경 말씀도 있다.

앞서 말한 대로 권력, 재력, 명예 등을 쟁취해야 이룬다고 믿는 출세보다는 보람, 자긍심, 창의성 등을 얻는 성공의 씨앗을 뿌리는 것이 중요하다. 이것이 바로 행복의 출발점이 된다.

스스로의 존재감을 찾아라

세상에서 가장 강력한 힘은 자신의 존재감을 갖는 것이다. 세계 인류가 70억 명이라고 하면 나라는 존재는 창해일속滄海一粟일 뿐이다. 그 가운데 내가 지구상에 존재한다는 전제하에 세상의 모든 것이 의미가 있다. 내가 없다면 이 세상의 어떤 것도 내게 아무 유의미한 가치를 부여할 수 없다. 내가 있어서 가장 가까이 가족이 있고, 친구가 있고, 이웃이 있는 것이다.

세계를 보면 70억 명 중에서 하나일 뿐이다. 그러나 그 의미는 세계나 한국의 인구와 바꿀 수 없는 소중한 나만의 인격체라는 사실을 인식해야 한다. 에릭 프롬은 '스스로를 신뢰하는 사람만이 다른 사람들에게 성실할 수 있다'라고 했다.

스스로의 잠재력을 믿어라

자신이 할 수 없는 것에서 눈을 떼어 자신이 잘 할 수 있는 것에 시선을 맞춰라.

사람은 누구나 강점과 약점을 갖추고 있다. 하지만 자신이 무한하게 잠재된 능력을 갖고 있다는 것을 잊지 말아야 한다. 그 심층 의식에는 다양한 재능 중에서 내게 가장 강한 재능의 잠재력이 숨겨져 있다. 그것을 끄집어내는 것이 바로 긍정의 힘이다.

매일 '나는 할 수 있다, 나는 할 수 있다!'라고 말해보라. 목표를 달성하는 유일한 길은 작은 일을 반복하는 것이다.

스스로를 자랑스럽게 여겨라

자신이 해왔던 일 중에서 가장 보람을 느꼈거나 당당했던 일을 기억해 내도록 한다. 그리고는 그것을 마음속에 계속 상상하며 자신의 대단함을 끊임없이 새기도록 하는 것이다.

1,500억 개의 세포로 구성된 우리의 두뇌는 과거와 현재를 구분하지 못한다. 과거의 좋은 추억을 자주 상기하다 보면 뇌는 그것을 현재의 상황으로 인식한다. 그래서 기회 있을 때마다 좋았던 상황을 다시 현실에 재현시키려고 하는 작업을 한다. 그렇게 되면 자신도 모르게 새로운 기회가 찾아오게 되어 있다.

유유상종類類相從, 끌림의 법칙

'끌어당김의 법칙Law of Attraction'이라는 것이 있다. '끌림의 법칙', '인력의 법칙'이라고도 말한다. 간단히 설명하면 이 법칙은 'Like attracts like', '끼리끼리 끌리게 된다'는 유유상종類類相從의 원리다.

무엇인가를 집중하여 계속 생각하면 그 일이 실제로 현실에서 일어날 가능성이 높아진다는 것이다. 자신이 '성공한다, 성공한다!' 하면 진짜 성공하는 일들이 자신에게 찾아오고, '행복하다, 행복하다!' 하면 내게 행복한 사건들이 일어나는 것이다.

인생을 살다보면 누구나 오르막길, 내리막길을 걷는다. 롤러코스터 같은 삶의 여행길에서 때로는 힘들 때도 버거울 때도 겪을 것이다. 그렇지만 지나고 나면 더 큰 축복으로 채워졌다는 것을 느끼게 된다. 그것이 바로 성공이다. 여기에서 그 성공을 느끼게 해주는 것이 다름 아닌 긍정의 감성 에너지다.

어떻게 보면 긍정의 에너지는 삼라만상의 창조 에너지라고 할 수 있다. 인생은 자력으로 선택할 수 있는 일이 있지만 자기가 선택할 수 없는, 오로지 타력에 의해 결정되는 것이 더 많다. 여기에서 타력은 긍정의 힘이 작용하는 영역이라 할 수 있다. 그 신비스런 영역인 우주에는 분명 좋은 에너지와 좋지 않은 에너지가 존재한다. 그리고 우주에 흐르는 그 기운들은 서로 같은 부류들끼리 짝을 지으려는 성질이 있다. 그래서 우주에는 '승익승패익패勝益勝敗益敗' 원리가 적용된다. 여기서 성공에 성공을 더하는 '승익승'의 기운을 받는 것이 긍정의 핵심이다. 나폴레온 힐은 끌림의 법칙을 이렇게 설명한다.

"긍정은 긍정을, 부정은 부정을 끌어들인다. 좋은 것이건 나쁜 것이건 자신이 현재 소유하고 있거나 앞으로 소유하게 될 모든 것은 자신의 '생각'이라는 매개체를 통해 자신에게 이끌린 것이다."

자신의 뇌는 자석과 같아서 자신이 소유한 모든 것이 들러붙는다. 현재 자신의 위치가 어디건 그것은 바로 자신의 지배적인 생각의 결과다.

이런 끌림의 법칙 가운데 사람은 자신이 원하는 무엇인가의 관심거리를 찾아내어 열심을 다하면 성공을 거둘 수 있다. 열정을 쏟으면 자신에게 가장 이상적인 기회가 스스로 다가오게 되어 있다. 말하자면 스스로 준비된 사람에게 기회는 오게 되어 있는 것이다. 우리가 잘 아는 영어속담이다.

"Heaven helps those who help themselves."

하늘은 스스로 돕는 자를 돕는다.

이 말은 긍정의 메시지를 전하는 명구名句다. 어떤 상황에서도 후회하는 마음을 보이지 말아야 하며, 불행하다고 말하지 말고 자신의 한계를 긋지도 말라는 뜻이다.

'세렌디피티'라는 말이 있다. 우리말로는 '영민한 발견'이라고도 한다. 인생에서 긍정의 힘이 가져다주는 기회란 바로 이런 영민한 발견 중 하나라고 할 수 있다. 긍정이 주는 좋은 에너지가 어떤 방식으로든 자신에게 딱 맞는 우연한 기회를 만들어 주는 것을 말한다.

전 세계 5억 명의 'e제국'을 형성하며 지역마다 300~1,000%의 폭풍 성장을 하고 있는 페이스북이 있다. 그 창시자인 마크 저커버그는 '나의 성공은 세렌디피티다'라고 말한 적이 있다. 그런가 하면 세계적인 온라인 스토어인 아마존의 창업자 제프 베조스도 자신의 성공을 세렌티피티로 설명하고 있다. 베조스의 성공이 우연 같았지만 그의 말대로 긍정의 힘이 가져다 준 필연의 결과였다. 그는 긍정의 힘으로 이룬 기업의 사명을 '사람들이 온라인에서 원하는 것은 무엇이든 제공하는 기업', '지구상에서 가장 고객을 중요시하는 기업'이 되는 것이라고 선언하고 있다.

'세상을 바꾸는 건 내 자신, 남과 다른 사람이 성공한다!'를 외치는 명강사이자 베스트셀러 작가인 전도근 박사가 있다. 그는 긍정의 힘이 가져다주는 기회를 차지한 인물이다.

전도근 박사를 한마디로 수식하기란 어렵다. 자격증 50여 개 취득으로 자격증 최다 보유자, 100권이 넘는 저서를 집필한 작가, 각종 대학과 교육청, 기업체 연수원에서 2천여 회 이상 특강을 한 명강사다. 그의 특이한 이력은 TV에도 여러 차례 소개됐을 정도다. 현재 전국 각지를 돌며 분야를 가리지 않는 강의와 집필 활동을 활발히 펼치고 있다.

그는 고등학교에서 16년간 교사로 재직한 평범한 선생님이었다. 재직 당시 그는 교장선생님의 반 강요로 주민 요리 강좌를 열게 된다. 요리라고는 집에서도 거들어 본 적 없는 그가 두 달 동안 요리학원을 다녀 자격증을 따냈다. 지역 주부들을 대상으로 생활 요리를 가르쳤는데, 땀을 뻘뻘 흘리며 열심히 하는 모습이 가여웠던지 격려가 쏟아졌다.

내친 김에 자격증반을 개설해 수강생 24명 중 20명이 두 달 만에 합격을 했다. 이 사연이 일간지 기사로 오른 것을 보고 150명이 몰려왔다. 이번에는 양식 자격증을 따게 해달라는 주문이 들어왔다.

자격증이 없는 그는 또다시 공부해 양식자격증을 따서 강의를 했다. 끝인가 했더니 중식 자격증을 요구했다. 이렇게 시작된 그의 강의는 궁중요리부터 제빵 제과, 샌드위치 창업반에 이르기까지 1년이면 2천 명을 배출하게 되었다. 이 중 30여 명이 요리 강사로 활동하며 100여 명이 창업을 하기에 이르렀다. 이 때 쓴 요리책만 30여 권, 하나 둘 취득한 자격증이 현재는 교육, 컴퓨터, 요리, 자동차, 서비스 분야에 50여 개로 불어났다.

그런 그에게도 시련이 많았다. 정치, 경제를 가르치는 교사에서 명강사로, 100여 권의 책을 쓴 작가가 되기까지 그는 셀 수 없이 많은 실패를 넘어야 했다. 요리책을 들고 출판사를 찾았을 때 경력이 없다는 이유로 수도 없이 거절을 당하기도 했다. 그런가 하면 여수시 이순신 장군의 밥상을 고증 했을 때는 경력이 짧다는 이유로 각종 매체에서 공개적인 비난을 받았다. 세렌디피티의 표상인 그는 이렇게 힘주어 말한다.

"천재는 노력하는 사람을 이기지 못하고, 노력하는 사람은 즐기는 사람을 이기지 못합니다. 그처럼 실패를 두려워 말고 꿈을 향해 도전한다면 반드시 미래의 성공은 보장됩니다."

모든 일이 자신이 스스로 계획을 했다고 해서 저절로 이루어지는 것은 아니다. 어떤 것이든 자신이 원하는 것에 대해 생각하되, 부정적인 부분이 아닌 긍정적인 부분에 초점을 맞추는 자세가 중요하다. 나는 지금까지 꾸준히 긍정적인 자세로 자기계발을 해왔다. 정작 내가 원했던 것은 이뤄지지 않았지만 수없이 더 좋은 기회가 주어졌다. 처음에는 실패였지만 나중에는 성공이라는 더 큰 보상이 주어진 것이다.

그러기 위해서는 먼저 할 수 있는 최선을 다해야 한다. 언제나 합리적이고, 상식적이고, 논리적으로 생각하며 행동하는 습관을 들여야 한다. 중요한 것은 이러한 습관을 몸에 배게 하는 것이 즐거워야 한다. 그것이 스트레스를 주는 일이어서는 안 된다. 스스로 하고 싶은 동기가 유발되어야 하려는 일이 신나고 흥이 돋는 법이다. 무슨 일이든 그것을 할 때는 마지못해 하는 일이 되면 일 자체가 노역이나 다름없어진다. 아무리 힘들고 어려운 일이라도 보람과 만족을 느껴서 궁극적으로는 행복감을 느껴야 한다.

성공을 하려면 꾸준한 인내심Patience, 생각한 뒤에 행동으로 옮기는 일Practice, 즐기는 기분을 유지하는 평온함Peace의 '3P'를 필요로 한다.

성공에서 인내심은 중요하다. 성공은 인내하며 얼마나 끈기 있게 버티는가에 달려 있다. '애벌레가 세상이 끝났다고 생각하는 순간 나비로 변한다'라는 속담이 있다. 애벌레의 과정을 인내하고 참지 못하면 결국 나비가 될 수 없다. 그 과정을 견디며 희망을 품고 있으면 나비의 화려한 삶을 살게 되는 것이다. 여기서 주목할 것은 힘들게 견디면서 그것을 고통으로 생각해서는 안 된다는 점이다. 즐거움으로 받아들여야 한다. 어차피 해내야 할 일 이라면 다시 말해 인내심과 실천력이 있어도 평안함이 없으면 안 된다.

철학자 에픽테토스는『에픽테토스의 인생을 바라보는 지혜』라는 책에서 '세상만사가 자신의 뜻대로 이루어지기를 허황되게 바라지 말고 자신의 의지와 상관없이 벌어지는 모든 현실에 뜻과 바람을 맞추라'라고 가르친다. 최선의 노력은 쏟아야 하되 순리에 따르는 게 맞다. 그렇게 하다보면 긍정의 내공이 쌓이게 되어 모든 게 다 순리대로, 자신의 분량에 맞는 기회가 문을 두드리게 되어 있다. 긍정의 힘이란 자신의 열성, 말하자면 자력에다 타력이 붙어주어 보람되고 유익한 결실을 맺게 해주는 기氣라고 할 수 있다.

우주가 듣는다, 코스믹 오더링

　우주의 모든 것은 일정한 법칙들에 의해 움직인다. 만휘군상萬彙群象
은 인간이 이해할 수 없는 일정한 룰에 따라 일어난다. 인간은 수 세기
동안 이러한 우주의 은밀한 비밀을 풀기 위해 끝없이 노력해 왔다. 그
노력은 지금도 계속되고 있다.

　인간은 우주라는 거대 시스템에 속해 있는 한낱 부속물에 지나지 않
는다. 백사장 모래만큼의 억겁 속에 그저 단 한 알의 모래와 같은 미미
한 존재에 불과하다. 그렇지만 인간은 그 우주의 법칙을 이용할 수 있
는 아주 영특한 존재다. 그 법칙 중의 하나가 앞서 언급한 끌어당김의
원리다. 이것을 통해 자신이 진정으로 원하는 바를 이룰 수가 있다. 우
주는 우리가 활용할 수 있는 수많은 물질들을 갖추어 놓은 온라인 숍과
같다. 거기에 우리가 필요로 하는 것을 주문하고 나서 배달되어 오기를

기다리기만 하면 된다.

우주는 우리의 주문에 대해 '가능'이나, '불가능'이나, '글쎄'라는 세 가지 형태로 반응을 하게 되어 있다. 문제는 우리가 어떻게 생각하는 자세로 주문하는 것이냐에 달려있다. 여기에서 바로 긍정의 정신이 중요하다. 긍정의 자세로 주문을 하고 나서 인내를 갖고 기다리면 가장 적합한 때에 '예스'라는 응답을 받게 될 것이다. 그것이 바로 '코스믹 오더링Cosmic-Ordering'이다.

코스믹 오더링은 무엇보다 이루어질 수 있다는 온전한 마음을 갖는 것이 우선이다. 여기에 원하는 것이 분명해야 한다. 간구하는 것이 합리적으로 꼭 필요needs한 것이어야 한다. 단순히 욕망desires을 충족시키기 위해 갈망하는 것이어서는 안 된다. 예컨대 자신에게 로또 복권 1등에 당첨시켜 달라고 원하는 것은 들어주지 않는다.

사람들은 운명運命이라는 말을 자주 쓴다. 그 첫 번째 뜻은 '인간을 포함한 우주의 일체를 지배한다고 생각되는 초인간적인 힘'이다. 이것은 '날 때부터 타고난', '정해진 운명'을 뜻하는 숙명宿命과는 다르다. 여기에서 말하는 운명은 두 번째 사전적 의미로 '앞으로의 존망이나 생사에 관한 처지'를 일컫는다.

코스믹 오더링은 첫 번째 의미의 운명을 상대로 한다. 쉽게 설명하자면 '운명'을 잘 다루면 '운명'이 달라질 수 있다는 것이다. 이것을 가능하게 하는 매개체는 다름 아닌 긍정의 힘이다.

세상의 진리는 합리적이다. 창조의 섭리도 합리적이다. 합리론에 따르면 세계는 합리적으로 조직된 하나의 전체이며, 세계의 구성 부분들은 논리적 필연성으로 연계되어 있어서 인식할 수 있다는 것이다. 한마디로 우주는 일련의 합리적인 법칙들에 의해 지배되고 있으며 그 법칙을 잘 활용하는 것이 코스믹 오더링이다.

복권 1등을 갈망하는 것은 합당하게 필요한 것이 아니라 지나친 탐욕이다. 이러한 얼토당토않은 과욕을 주문하게 되면 '노No'라는 응답이 돌아올 것이다. 이런 것에는 긍정의 힘이 작용하지 않는다. 법륜 스님은 한 강연에서 진정한 '원함'과 '욕심' 차이를 이렇게 구분했다.

"어떤 목표를 세워서 그것이 이뤄지지 않을 때 괴로워한다면 그것은 욕심이다. 그것이 이뤄지지 않을 때 괴로워하지 않고 다시 노력으로 방법을 찾는다면 그것은 진정한 원함이다. 원함은 버리는 게 아니라 세우는 것이며 욕심은 세우지 않고 버리는 것이다. 강박관념이 욕심이며 목표달성의 어려움이다. 강박관념은 노력에 비해 결과를 더 기대하는 욕심이 근원이다."

긍정의 힘을 발현시키기 위해서는 세 가지 요소를 필요로 한다. 첫째, 생각이나 말 또는 행동이 긍정적이어야 한다. 달리 말하면 좋은 생각, 좋은 말, 좋은 행동을 해야 한다. 사람과의 관계에서도 좋은 소통이 이루어져야 한다. 둘째, 마음을 열어 두어야 한다. 열린 마음이라는 것은 귀담아듣고 진심으로 생각해주는 청취와 배려의 자세다. 또한 진솔하게 널리 인정하는 마음多容을 가져야 한다. 셋째, 언제나 평강심을 유지해야 한다. 어지러운 잡생각에서 벗어나 안정된 마음을 가져야 한

다. 주위를 청결하게 하고 마음을 내려놓으며 자중자애하는 정신상태
가 되도록 한다. 심리적인 안정감이 가장 중요하다.

이러한 세 가지 자세를 갖게 되면 사색하는 힘과 교감하는 능력 곧
'라포르rapport'가 강화된다. 일종의 긍정의 자율훈련법인 셈이다.

코스믹 오더링은 인내심을 갖는 것이 필수적이다. 자신이 원하는 것
이 이루어질 수 있다는 신념을 갖고 기다리는 것이다. 사람은 원래 조
급해하는 본성을 갖고 있어 원하는 것을 당장 손에 쥐어야 직성이 풀린
다. 하지만 밭에 뿌린 씨앗이 곧바로 열매를 맺지 못하듯이 긍정의 힘
으로 얻어지는 결실이 마술지팡이의 요술처럼 뚝딱 나타나는 것이 아
니다. 동전을 집어넣으면 음료수 캔이 드르륵 떨어지는 자판기가 아
니다. 긍정의 열매를 맺기까지는 시간이 필요하며 때가 무르익어야 한
다. 긍정으로 간구하는 데에는 세 가지를 필요로 한다. 먼저 바라는 바
가 긍정적인 것이어야 하며, 내용이 세부적이고 구체적이어야 한다. 또
간구를 하는 자신에게 믿음이 확실해야 한다.

사람은 누구나 일상을 살아가면서 각자의 꿈, 희망, 욕구를 갖고 있
다. 그 다양하게 바라는 바를 이루기 위해서는 부정적인 생각을 갖지
않아야 한다. 믿음처럼 중요한 것은 없다. 염려와 걱정을 떨쳐버리고
오로지 '잘 될 것이다'라는 긍정의 믿음을 품어야 한다. 특히 자기 스스

로에 대한 확고한 믿음이야말로 가장 값진 보물이다.

자신부터 믿지 않으면서 타인을 믿는다는 것은 위선이다. 믿음의 중요성을 뒷받침하는 자기충족적 예언Self-Fulfilling Prophecy이나 피그말리온 효과, 플라세보 효과는 단순히 심리학적 효과를 말하는 것이 아니다. 이는 긍정적인 말과 태도와 신념을 가지면 긍정적인 자아가 강화되는 것을 입증한다. 그렇기에 스스로에 대한 믿음은 모든 시작의 근원이라고 할 수 있다.

강한 믿음을 가졌는가? 그렇다면 한 걸음 더 나아가 자신이 원하는 바를 이룬 상태와 그때의 느낌을 상상해보라. 그 기쁨의 감정을 가슴속에 오롯이 담아두고 느껴보도록 하라. 그러면 그 바라는 바가 선사할 희열은 현실이 되어 돌아올 것이다. 이런 긍정의 힘을 토대로 하는 코스믹 오더링은 어떤 이점이 있을까?

첫 번째로, 집중력을 강화시킨다. 긍정적인 자기 암시의 힘을 활용하기 때문에 정신이 한 곳으로 모아진다. 원하는 생각을 입버릇처럼 반복함으로써 무의식 속에 활력에너지가 생성된다. 소망을 글로 적어두고 수시로 눈과 마주 하라. 그러면 마음속에 막연히 담아두는 것보다 한결 효과가 크다. 현실과 맞닿아 성취될 수 있는 가능성이 훨씬 커진다. 분산되고 산만한 마음을 집중시키는 강력한 촉매가 되는 것이다.

두 번째, 자신감을 높여준다. 무엇인가 이루어진다는 가능성에 확고한 믿음이 생기면 잠재의식이 '신경인지neuro-cognition' 기능을 강화시킨다. 그러면 유익한 기회가 오는 것을 포착할 수 있는 감각을 한층 더 일

깨워준다.

사람에게 자신감이 생긴다는 것은 자기효능감을 북돋아주는 것이다. 즉 특정한 일을 성공적으로 수행할 수 있다는 지각능력을 강화시켜주게 된다. 달리 자기효능감은 자기 스스로의 가치를 인식시켜 준다. 엘리노어 루즈벨트는 '자신의 가치는 다른 어떤 누군가가 아닌, 바로 자신이 정하는 것이다'라고 했던가.

코스믹 오더링은 긍정의 체험도 갖게 해준다. 긍정의 에너지를 방출하면 자연스럽게 긍정적인 사람들을 주위로 끌어들이게 된다. 좋은 사람들과의 관계를 유지하게 되면 생각지도 않은 인연을 만날 수 있다. 처음 만난 인연이나 평소 그렇게 유대가 깊지 않았던 사람이 어느 날 은인이 되는 놀라운 경험을 하게 된다.

마지막으로 건강을 증진시킨다. 긍정적인 생각은 스트레스를 해소하여 전체적인 심신 상태에 좋은 영향력을 미친다. 긍정적인 마인드를 가진 사람은 안녕감well-being에 긍정적인 영향을 준다.

긍정인도 사람인 이상 당연히 스트레스에 노출된다. 그렇지만 그가 느끼는 것은 신경증이나 노이로제가 아니다. 오히려 지나간 일에 신경을 쓰는 것보다 앞으로 다가올 미래를 내다보며 바람직한 결과를 기대한다. 그것은 기분 좋은 에너지가 담긴 긴장감의 '유스트레스eustress'인 것이다.

긍정은 우연을 가장해 온다

사람들은 세상을 살아가면서 어떤 상황과 맞닥뜨릴 때 참으로 우연
이라고 여기는 경우가 많다. 그러나 긍정의 세계에서는 우연이라는 것
은 없다. 우연처럼 느껴지는 필연일 뿐이다.

이 세상 가운데 닥치게 되고, 알게 되고, 만나게 되고, 이별하게 되
며, 부딪히게 되는 그 모든 현상들은 절대 우연으로 일어난 게 아니다.
그 모든 것은 반드시라고 해도 좋을 정도로 필연으로 이어지기 때문이
다. 우리말에 '옷깃만 스쳐도 인연이다'라거나 '짚신도 짝이 있다'는 말
은 어떠한 과정도 이유 없는 것은 없다는 것을 나타낸다. 모든 생성은
그 원인을 가지며 그렇기에 필연 또한 가지게 되는 것이다.

내가 바라는 것이 뜻대로 안 된다고 해보자. 다른 좋은 기회가 있을
것이라고 믿고 있는 가운데 맞이하는 우연, 그게 바로 필연이다. 아니

면 동시에 우연하게 두 가지 기회가 주어졌다 하자. 그것은 우연이라고 생각되지만 결국 하나를 선택할 때 가장 기회 가치를 높여주는 결정적 상황을 만들어주기 위한 필연인 것이다.

필연성은 긍정의 힘이 작용하는 인과관계다. 이유 없는 결과는 없다. 그래서 세상에 요행이라는 것은 없다. 일상에서 작지만 좋은 말을 쓰는 습관의 물방울이 쌓이다 보면 거대한 긍정력이라는 강이 된다. 내가 운이 좋다는 것은 그만큼 복을 누릴만한 씨앗을 뿌렸다는 것이다.

'사필귀정事必歸正', 무슨 일이든지 결국 옳은 이치대로 돌아간다. '콩 심은 데 콩 나고 팥 심은 데 팥 난다'는 의미와 같다. 긍정의 씨를 심으면 긍정의 열매를 거둬들일 테고, 부정의 씨를 심으면 부정의 열매가 맺힐 것이다.

결국 자신이 어떠한 삶을 살고 있는지는 어떤 생각의 종자를 파종하여 가꿔왔는지를 보면 알 수 있다. 운명은 스스로 개척하는 것이다. 여기에서 그 운명은 긍정적인 것이어야 한다. 과거에 긍정의 씨를 뿌리지 못했다면 지금부터라도 마음을 다잡아 좋은 씨를 심어라. 간디가 말하길 '미래는 현재 우리가 무엇을 하는가에 달려 있다'라고 했다. 미래를 알고 싶다면 자신의 오늘을 보면 된다.

긍정의 힘은 100% 내가 마음먹은 대로 되도록 해주는 마술사가 아니다. 그 마음을 읽고 내게 가장 합당한 것으로 이루어지게 해주는 것이다. 그 합당한 것은 원하는 것의 80%일 수도 있고 때로는 50%일 수도 있다.

농구경기에서 '식스맨Six Man'이라는 게 있다. 시합이 시작되면 처음에 플레이하는 다섯 명의 선수를 가리켜 스타팅 멤버라고 한다. 스타팅 멤버에 들어가지 않는 여섯 번째 선수란 뜻이다. 대기선수지만 중요한 순간에 게임에 투입되어 팀의 페이스를 조절하는 것이 특기인 선수다. 스타팅 멤버로 필드에 당장 나가지는 않더라도 팀의 승리를 위해 없어서는 안 되는 중요한 역할이다.

일반적인 시각으로 보면 스타팅 멤버는 주역이고 식스맨은 보조역처럼 보일 수도 있다. 그렇지만 긍정의 눈으로 보면 똑같은 경기의 주역들이다. 중요한 것은 내가 스타팅 멤버가 되었든 식스맨이 되었든 간절히 원하는 것을 향해 포기하지 말고 끝까지 도전하는 것이다.

어떤 결과를 만들어 내기 위해서는 그에 따른 대가를 치뤄야 한다. 가격을 지불해야만 물건을 살 수 있듯이 긍정으로 넘쳐나는 멋진 미래를 만들어 가기 위해서 피와 땀, 즉 열정을 쏟아야 한다. 그렇지 않고서는 좋은 결과를 기대하기 어렵다. 아인슈타인이 말했다.

"어제와 똑같이 살면서 다른 미래를 기대하는 것은 정신병 초기 증세다."

그런 믿음을 갖는 자세가 확고하게 되고 습관이 되어 버리면 그것이 바로 자기에게 긍정의 힘이 되는 것이다.

열정과 끈기는 반드시 꽃이 핀다

열정은 긍정의 힘에서 방출되는 추동력이다. 그렇기 때문에 자신이 원했던 혹은 원하지 않았던 주어진 일에 열정을 쏟아야 한다. 맡은 일에 대해 열정을 기울이지 않는 사람은 생각이 없는 단순한 존재에 지나지 않는다. 아무리 뛰어난 재능이 있다 하더라도 열정이라는 사포로 문질러야 광채를 낼 수 있다. 꼭 필요한 한 가지 자질만 남겨놓고 다른 자질은 모두 포기해야만 한다면 열정만큼은 뜨겁게 두어야 한다.

스포츠, 음악, 예술, 학문 등 어느 분야에서든 진정한 성공인들의 공통분모를 찾아보자면 그것은 자신의 일에 최선을 다하는 열정이다. 열정은 '혼신의 힘으로 최선을 다한다'라는 것의 또 다른 표현이다. 대충대충 해서 성공을 했다는 얘기를 들어본 적이 있는가?

최선을 다해 열심히, 아주 열심히, 그것도 즐겁게, 기쁜 마음으로 하면 결과와 상관없이 그 자체만으로도 이미 성공의 길에 올라선 것이다.

알프레드 크랩스는 이렇게 말했다.

"열정 없는 성공이란 있을 수 없다. 승리하는 생활을 하는 비결은 가슴을 열정으로 가득 채우는 데 있는 것이다. 열정이야말로 온갖 장애와 싸우게 하고 그것을 극복하여 인생의 순간순간을 즐기게 한다."

성공하는 사람들에게 열정은 꼭 지녀야 할 요소다. 성공한 사람들이 어떤 상황에서도 포기하지 않고 끝까지 추진하는 힘의 원천, 그것은 바로 가슴속에 숨겨진 열정이다. 피터 드러커는 '사명감을 갖고 하나만을 억척스럽게 물고 늘어지는 사람만이 어떠한 일이든 성취해낼 수 있다'라고 했다. 그 열정이 때때로 불가능을 가능으로 변화시킬 수도 있는 것이다.

성공하기를 바라는가? 그렇다면 주어진 일에 대해 가슴속에 불타는 열망을 가지고 있어야 한다. 그 일은 자신이 목표로 삼아 정해진 것일 수가 있다. 자신의 의지와는 상관없이 내게 주어진 것일 수도 있다. 어떤 형태로든 일단 자신의 일에 최선을 다해 무한한 열정을 쏟으면 보람 있는 결실을 얻게 된다. 그렇지 않더라도 더 좋은 새로운 일을 만나게 되는 기회가 생길 것이다.

'농구의 신'으로 불리는 마이클 조던이 정상에 오를 수 있었던 것은 그의 피나는 노력과 100% 몰입하는 집중력, 집념, 열정, 승부 근성에 '해야 된다'라는 사명감이 뒷받침되었기 때문이다.

전라남도 완도에서 태어난 섬 소년 최경주. 그는 초등학교와 중학교에서 축구, 씨름, 창던지기, 역도 등의 운동을 했다. 특히 어릴 때부터 역도선수로서 '탱크'라는 별명이 붙을 정도로 뛰어난 재능을 보였다. 그렇지만 짙푸른 빛깔의 넓은 바다를 벗삼아 자란 이 소년의 꿈은 원양 어선의 선원이 되는 것이었다. 그런 그가 세계 최고의 골프 선수가 되게 된 것은 아주 우연한 기회에서 비롯됐다.

최경주는 고등학교에 들어가면서 역도를 몹시 하고 싶어 했다. 그런데 운동부를 가르는 줄을 잘못 서면서 그만 골프부로 배정을 받게 되었다. 그 우연한 '작은 사건'이 그의 인생을 바꿔 놓는 일대 계기가 된 것이다.

시골에서 자란 최경주는 골프장을 보고 '뭔 닭장이 저리 크다냐'라고 했을 정도로 골프와는 거리가 먼 사람이었다. 그러던 그가 처음 골프채를 손에 쥐어 휘둘러 본 순간 '바로 이거야' 하며 골프에 대한 뿌리칠 수 없는 꿈을 갖게 되었다. 그는 골프를 시작하고 나서 매일 하루도 거르지 않고 2,000번 이상의 스윙을 날렸다. 그는 최고를 향한 열정이 솟구치는 것을 주체할 길이 없었다.

그런 피나는 땀과 노력으로 1993년 국내 프로 테스트를 통과했고, 1995년 팬텀오픈에서 생애 처음으로 트로피를 차지했다. 이어 7회의 우승을 거두며 그는 마침내 국내 골프를 평정한 것이다.

그리고는 곧바로 세계무대에 도전했다. 1999년 가을, 그는 한국인으로는 처음으로 미국 PGA 투어 참가 자격을 따냈다. 이어 2000년 미국 PGA 투어 진출에 성공한 뒤, 2002년 미국 PGA 투어 컴팩 클래식에서 우승을 차지했다. 이는 한국인으로서는 최초이자 동양인으로는 3번째였다. 그 후 최경주는 2002년 탬파베이 클래식 우승, 2007년 메모리얼 토너먼트 우승을 비롯해 총 8회의 PGA 우승을 차지했다. 그는 지금까지 전 세계 골프대회에서 20회 이상의 우승 기록을 자랑하고 있다.

그가 한국 골프의 대들보가 된 것은 긍정의 힘 덕택이다. 그는 성공을 이루기 위해 욕심을 내지 않았다. 한 단계 한 단계 합리적으로 꿈을 키워나간 것이다. 그만의 독특한 꿈의 방식을 실천에 옮긴 결과다.

처음에는 골프 선수가 되겠다는 꿈을 가졌고, 그것을 이루고 난 후에는 우리나라 최고의 골프 선수가 되겠다는 꿈을 꾸었다. 그리고 또다시 세계 최고의 골프대회가 열리는 미국으로 진출하겠다는 꿈을 품은 것이다. 그리고 마침내 그것을 이루어냈다.

미국의 제34대 대통령이었던 드와이트 아이젠하워는 제2차 세계대전 중 서유럽 주둔 연합군 최고 사령관을 역임했다. 그의 신조는 '나에게 주어진 임무를 수행하기 위해서 그게 무엇이든 나는 최선을 다한다' 였다.

아이젠하워는 진급하는 데 오랜 시간이 걸렸다. 야전에 나가 병사들을 지휘하는 것이 지휘관들의 목표라고 한다면 그에게는 그런 기회는 좀체 주어지지 않았다. 그는 대신 후방에서 허드렛일들을 도맡아 하며 자신의 임무를 다했다. 2차 대전 전에도 수 년 동안 허드렛일을 전전한 소령에 불과했다. 그런 그가 스스로에게 다짐했던 것 중 하나는 오로지 어떤 일에든 최선을 다하는 것이었다.

그의 장점을 눈여겨본 상관들은 전쟁이 일어나자 아이젠하워를 계속해서 고속 승진시키게 된다. 그리고 그의 근직한 성품 덕택에 마침내 조지 마샬 장군은 그를 유럽 원정 미군 사령관에 임명했다. 366대 1의 경쟁률을 뚫은 값진 결과였다. 아이젠하워 장군의 변함없는 신념은 이러했다.

"주어진 임무를 단순히 수행하는 것보다 조금 더 잘하도록 하는 습관을 들여라. 만약 주어진 작은 일을 잘 해낼 수 있다면 그 다음엔 큰일 또한 맡겨질 것이기 때문이다."

일을 단순히 돈을 많이 벌거나, 명예를 얻기 위해서라거나, 권세를 누리기 위해서라면 행복감을 쉽게 느낄 수 없다. 설사 그 목적을 달성한다 치더라도 그 행복은 잠깐의 흥분에 그칠 수 있다.

주어진 일을 해나가는 과정에 작은 것으로부터 보람과 만족을 이끌어 낸다면 그것 자체로 이미 성공을 이룬 것이나 다름없다. 일을 기쁘게 하는 사람은 행복할 것이고, 마지못해 일한다고 생각하는 사람은 불행할 것이다.

세계에서 가장 많은 발명을 남긴 토마스 에디슨은 1,093개의 발명 특허를 가지고 있다. 후에는 세계적 기업인 제너럴 일렉트릭을 건립하기도 했다. 에디슨에게 '인생의 좌우명이 무엇인가'라고 기자가 질문을 했다. 그는 이렇게 답변했다.

"앞으로 어떤 일이 일어나도 절대로 시계를 보지 않는 것입니다. 왜냐하면 열심히 일하기 위해서 입니다. 나는 보수가 얼마인지 일한 결과가 어떠한지, 칭찬받을 일인지 아닌지를 따지지 않습니다. 다만 열심히 일을 할 뿐입니다."

영어로 'clock watcher'는 '시계만 쳐다보는 사람'을 가리킨다. 직장에서 빈둥거리면서 시계만 쳐다보며 퇴근 시간만을 기다리는 사람이라는 뜻이다. 사람이 월급 받는 재미로 직장을 다닌다면 오직 월급날 하루만 즐거울 뿐이다. 그러나 일하는 것에 긍지를 갖고 회사를 다닌다면 그 사람은 한 달 내내 신바람이 날 것이다.

자신을 변화시키는 칭찬의 힘

긍정적인 사람은 자기 자신에 대해 좋은 생각을 갖게 되어 있다. 자기 스스로를 존중하고 아끼지 않으면서 주위에 있는 사람들이 자기를 잘 대해주기를 기대하는 것은 이치에 맞지 않는다. 자신의 가치를 인정하여 남에게 좋은 영향력을 끼치는 자존감을 지녀야 된다. 이것은 자기가 스스로 잘났다고 여기며 자기중심적으로 생각하는 자존심과는 다르다.

자신를 아는 것만큼 소중한 것은 없다. 사람들은 남을 알려고 무던히 애쓰지만 정작 자신을 아는 데는 무관심하다. 내가 누구인가를 아는 것은 매우 어려운 일이다. 자신의 내면에 담긴 욕구가 무엇인지, 한계는 무엇인지를 알지 못하는 경우가 많다. 자신이 현재의식 속에서 하고 싶어 하는 것과 잠재의식 속에서 할 수 있다고 선택하는 것은 다르다.

긍정의 힘은 바로 이 잠재의식 속의 욕구를 찾아 나선다.

자신이 어떤 사람인지를 알고, 어떤 그릇인지를 아는 사람은 자기의 한계를 넓혀나갈 수 있다. 그렇지 않으면 그 한계 속에 갇혀 버리게 되어 있다. 자존감은 바로 '내가 누구인가'를 아는 능력이다. 그것은 자신감이기도 하다. 명강사이자 소통전문가로 활동하는 김창옥 교수는 자존감과 자존심에 대해 이렇게 말하고 있다.

"'내가 소중하다'고 생각하는 마음이 자존감이고, '내가 잘났다'고 생각하는 마음은 자존심입니다. 얼음을 생각해 보세요. 얼음은 꼭 자신에게 맞는 그릇에만 들어갈 수 있지만 물이 된다면 어느 그릇에나 들어갈 수 있는 존재가 됩니다. 물과 같은 사람이 되어 자존심이 아닌 자존감을 가지고 살아가세요."

자존심이 센 사람은 남을 경시하며 헐뜯기를 좋아하기 때문에 화합을 이루기가 쉽지 않다. 다른 사람이 나보다 못해야 직성이 풀리는 습성 때문이리라. 자존심은 상대적인 것이어서 자신의 뜻대로 되지 않으면 이내 열등감을 느끼게 된다.

작가 남인숙은 자신감과 자존감을 다음과 같이 설명한다.

"자신감은 내가 무언가를 잘할 수 있겠다고 생각하는 것이다. 그리고 자존감은 내가 무언가를 잘하지 못해도 나 자신을 사랑할 수 있는 마음이다."

세계적인 리더십 전문가인 워렌 베니스는 '개인의 지적 자산 중 무엇보다 중요한 것은 바로 자존감'이라고 말한다. 특히 오늘날과 같이 혼

란스럽고 불안정한 시대 속에서 성공과 실패를 결정짓는 요소가 자존
감이다.

그렇다면 왜 자존감이 중요할까? 자존감이란 '자아상'과 관련이 있
다. 우리는 자신이 만든 '자아상'을 뛰어넘어 행동하기 어렵다. 짧은 기
간 동안에 마음먹은 대로 어느 정도 행동을 바꿀 수 있을지 모른다. 그
러나 근본적으로 자아상을 바꾸기는 쉽지 않다.

그렇다면 어떻게 자신의 자아상을 건강하게 만들고 자존감을 높일
수 있을까? 저명한 심리학자이자 컨설턴트 및 베스트셀러 작가이기도
한 나다니엘 브랜든은 그의 저서 『성공의 7번째 센스 자존감』에서 자존
감을 높여주는 6가지 원칙을 다음과 같이 제시하고 있다.

 자존감을 높여주는 6가지 원칙

1 자신이 무엇을 하고 있는지 인식하고 산다.

2 자신을 있는 그대로 인정한다.

3 자신의 선택과 행동에 책임을 진다.

4 자신의 의견을 당당히 드러낸다.

5 목적을 가진 삶을 산다.

6 정직한 인격을 갖추도록 노력한다.

자녀들의 교육에서도 자존감이 아주 중요하다. 미국의 교육학자들
은 학습효과를 높이는 방법의 첫 번째는 학생의 자존감을 높여주는

것임을 강조한다. 그래서 스스로 자신감을 갖도록 하는 교육에 중점을 둔다. 그런데 우리나라의 교육은 학생들에게 자존심을 부추기는 경향이 있다. 성적의 결과에 따라 우월감과 열등감을 갖도록 만드는 것이다.

심리학자 윌리엄 제임스는 '인간은 무한한 능력을 가지고 태어나지만, 그중 평생 10분의 1정도만 활용하고 만다'라고 했다. 그 원인을 열등감 때문이라고 지적했다. 공부를 잘하기 위해서는 자녀들에게 무엇보다 자존감을 세워 자신감을 회복시켜주는 것이 중요하다.

자존심은 아집의 확신으로 세상의 모든 것을 바라보는 것이다. 한국 사회가 스트레스가 많은 것은 개인마다 강한 자존심을 굽히지 않기 때문이다. 사람들이 자기의 잘난 맛에 살아가려고 하기 때문이다. 그런 것이 출세주의적인 성향이다. 말하자면 무엇이든지 외형적 조건으로 남보다 특출해야 된다는 심리적인 경향이라고 할 수 있다. 명문 대학을 나와야 하고, 좋은 집안과 인척을 맺어야 하고 심지어 어느 특정 지역에 살아야한다던가 등이 그렇다.

외형적인 물질관으로 가치의 기준을 삼는다면 이는 충족감이나 행복감을 누리기가 쉽지 않다. 물론 원하는 것을 손에 쥐는 순간은 뿌듯한 성취감을 느낄 수 있을 것이다. 그러나 그 감정이 그리 오래 지속되지는 못한다.

'쾌락의 쳇바퀴Heronic Treadmill'라는 이론이 있다. 사람들이 원하는 것을 성취하지만 그 만족감은 이내 사라지고 또다시 새로운 것을 원하게 된다는 심리를 말한다. 다시 말해 인간은 끊임없이 욕망을 추구하여 그것을 채우면 만족해하지만, 그 행복감은 잠시 있다 없어지고 또 다른 욕망을 찾게 된다는 것이다. 인간이 추구하는 쾌락은 양파 벗기기와 같다. 어떻게 보면 계속해서 욕망을 좇아 쳇바퀴를 도는 다람쥐와 같은 존재인 것일까?

성공의 가치관을 갖는 사람들은 다르다. 어떤 여건에서도 자존감으로 넘쳐 있다. 자존감은 '자아존중감'을 줄인 말이다. '자신이 사랑받을 만한 가치가 있는 소중한 존재인가?', '어떤 성과를 이루어낼 수 있는 능력이 있는가?' 이런 물음에 긍정적으로 답변할 수 있다면 자존감이 있는 것이다. 물론 그것은 주관적인 느낌일 수도 있다. 자존심은 타인과의 비교 경쟁 속에서 갖는 우월 의식일 수 있다. 그러나 자존감은 자신이 갖추고 있는 그대로를 플러스적으로 받아들이는 정신상태다. 자아존중감의 요소들을 한마디로 압축하면 긍정의 태도다. 자아존중감을 정리하면 다음과 같을 것이다.

 자아존중감

- 내가 나를 좋아하는 마음
- 내가 나를 자랑스러워하는 마음

- 내가 나를 가치 있고, 사랑스럽고, 소중하게 생각하는 마음
- 내가 나를 능력이 있고 용서할 수 있는 존재로 느끼는 마음
- 내가 나를 어려움도 능히 이겨낼 수 있다고 믿는 마음
- 내가 나를 따뜻한 마음씨에 성실성이 있다고 여기는 마음

이 세계에서 나와 똑같은 사람은 단 한 사람도 없다. 그것은 전에도 그랬고, 앞으로도 없을 것이다. 그런 만큼 나라는 존재는 특별한 것이다. 당연하게 나를 가장 잘 아는 사람도 바로 나다.

큰 틀로 보면 다른 사람처럼 행동하고 말할지도 모른다. 삼시 세끼 밥 먹고, 직장에서 일하고, 밤이 되면 잠을 자고 하는 것은 누구나 다 같은 일상이다. 그러나 나는 그들이 아니다. 나는 나일뿐이다. 나는 이 세상에 독특한 존재로서 내 스스로가 사랑을 하고, 인정하고, 존중을 해야 할 '의미 있는 주체'인 것이다.

자존심이 센 사람은 경쟁에서 목적을 달성하지 못하는 경우에 심한 좌절감을 겪게 된다. 반면 자존감 있는 사람은 최선을 다할 뿐 그 결과에 연연하지 않는다. 경쟁에서 이기면 그저 감사할 뿐이고 그렇지 않더라도 자신의 차례가 아니라고 여기며 다음에 더 좋은 기회가 있을 것이라는 긍정으로 위안삼는다.

그것은 자신에 대한 믿음과 사랑이 있기 때문이다. 자존감으로 넘쳐 있는 사람은 어떤 여건에서도 자신에게 '잘했어!', '괜찮아!', '좋아!'라는 말부터 먼저 하게 된다. 그래서 긍정적인 사고를 갖는 습관을 길들이는 것은 남에게 좋은 소리를 듣는 것에 앞서 먼저 스스로를 칭찬하는 것이 중요하다.

나 자신을 가장 사랑해야할 사람은 다른 누구도 아닌 나이기 때문에 스스로 칭찬의 말을 건네주는 것은 자존감을 쌓는 일이다. 스스로에게 칭찬을 해주는 반복의 행동이 계속되면 이것은 곧 습관이 된다. '자기에게 칭찬하기'라는 습관이 되는 것이다. 그것은 얼마든지 자기 마음먹기에 달려있다. 다른 사람으로부터의 칭찬은 나의 영향력이 작용하는 범주가 아니기 때문에 의지대로 할 수 없지만 스스로를 칭찬하는 것이야말로 가장 쉬운 일일 수 있다. 자신의 심리를 통제하며 넘치지도 부족하지도 않게 상시적으로 토닥거려주는 노력이 필요하다.

통신 장비에서는 들어오고 나가는 전파의 강약을 자동으로 조절하는 장치가 있다. 이를 '자동 이득 제어 장치' 곧 AGCSAutomatic Gain Control System라 한다. 전파가 약해지면 강하게 높여주고, 강한 것은 약하게 해서 과부하를 막는다. 이러한 패턴의 행동양식을 가리켜 '이득 제어Gain Control'라 말할 수 있다.

우리의 삶에서도 이득 제어가 필요하다. 매일 자신의 생각의 흐름을 점검해야 한다. 부정적인 생각의 주파수를 끊어주고, 긍정적인 생각으로 연결해주고, 부정적인 상념을 바꾸고, 긍정적인 비전으로 강화시키는 노력이 필요하다. 에드워드 기번은 말했다.

"모든 사람은 두 가지의 교육을 받는다. 하나는 다른 사람에게서 받는 교육이고, 그보다 더 중요한 다른 하나는 스스로 배우는 것이다."

긍정적인 비전을 강화시키는 것은 다른 사람이 애써 가르쳐 주는 것이 아니라 스스로 배우는 것이다. 생각의 흐름에는 반드시 의미가 있어야 하고 가치가 담겨야 한다. 생각은 강의 수중보가 물의 흐름을 막아주듯 해야 한다. 중간중간 멈추어 제어를 받으면서도 궁극적으로는 계속 흘러가도록 해야 한다. 그러면서 '나는 무엇을 반복하고 있는가?', '나는 왜 반복하고 있는가?', '나는 제대로 반복하고 있는가?', '그것은 내게 효과적이며, 의미가 있는가?' 등을 반복적으로 생각한다.

04

**삶을 즐기면서
성공하는 여유**

우리의 중요한 임무는 멀리 있는 것, 희미한 것을 보는 게 아니라 가까이 있는 분명한 것을
실천하는 것이다. | 토마스 칼라일

감성의 소유자가 승리한다

天地之氣 暖則生 寒則殺 故性氣淸冷者

천지지기 난즉생 한즉살 고성기청냉자

受享亦凉薄 唯氣和心暖之人 其福亦厚 其澤亦長

수향역량박 유기화심난지인 기복역후 기택역장

중국 잠언집 『채근담』에 이런 말이 있다. 모든 생명은 천지의 기후가 따뜻하면 살고 차가우면 죽는다. 그러므로 성품이 맑고 심기가 차가우면 받아 누리는 복도 얇고 차가우며, 오직 심기가 온화하고 마음이 따뜻한 사람만이 복이 두텁고 은혜와 혜택 또한 오래간다.

마음이 따뜻한 사람이 인생이 행복해진다. 바쁘게 살아갈 수밖에 없는 시대지만 그 가운데에서도 여유로운 마음을 가질 수 있다면 세상은 아름다운 향기가 넘칠 것이다. 삶이 힘들거나 외로울 때, 가슴에서 우러나오는 따뜻한 말 한마디처럼 값지고 귀한 것은 없다. 그게 우리의 얼어붙은 마음을 녹일 수도 있다. 메마른 대지에 내리는 한 줄기 단비가 될 수도 있다.

요즘처럼 정서가 무뎌가는 세상에는 따뜻한 마음이 필요하다. 따뜻한 마음씨를 주위 사람들과 함께 나누어보라. 나 자신뿐만 아니라 그들의 정서적 기조를 바꾸는 긍정의 메시지를 전달하는 것과 같다.

지금 우리는 '호모 심파티쿠스Homo Symphathicus' 시대에 살고 있다. 미래학자이자 사회사상가인 제레미 리프킨의 말대로 '공감하는 인간'이 되었다. 공감하는 능력은 이성에서 나오는 게 아니라 감성에서 비롯된다. 감정, 느낌, 생각, 철학, 정서, 마음을 함께 하는 자세, 그것이 감성이다.

사람들은 살아가면서 계산이 철저하고 논리가 명확해야 경쟁력이 될 수 있다고 생각한다. 그래야 처절한 생존경쟁에서 이길 수 있다고 믿어버린다. 하지만 꼭 그렇지만은 않다.

정치판을 보자. 선거에서는 명철한 논리와 명징한 이성을 갖춘 사람이 유리해 보인다. 똑똑하니까. 그러나 분석에 따르면 오히려 감성에 녹여드는 유세를 펼치는 사람이 더 승산이 있다. 대중의 마음을 사로잡는 것은 머리가 아니라 가슴이기 때문이다. 각 후보자들이 다양한 공약을 발표할 때는 그 내용이 중요하다. 하지만 더 감동을 주는 것은 그것이 전달되는 분위기나 어법이나 태도다.

한마디로 누구에게나 '하이터치high touch' 감각은 매력 포인트가 된다. 이런 사람들은 우뇌형 사고에 뛰어난 능력이 있어 다른 사람에게서 감성적인 공감을 끌어낼 수 있다. 요즘 세상은 과거 좌뇌형 제조 생산 시대에서 우뇌형 창조 문화 시대로 발전했다. 그러면서 동시에 네트워크의 시대가 된 것이다.

이제는 유아독존으로 살아갈 수 없는 환경이 되어버렸다. 사회 공동체적인 연결고리 안에서 서로 공존하며 상호 나눔 안에서 살도록 되어 있다. '감성적 관계'가 중요한 이유다.

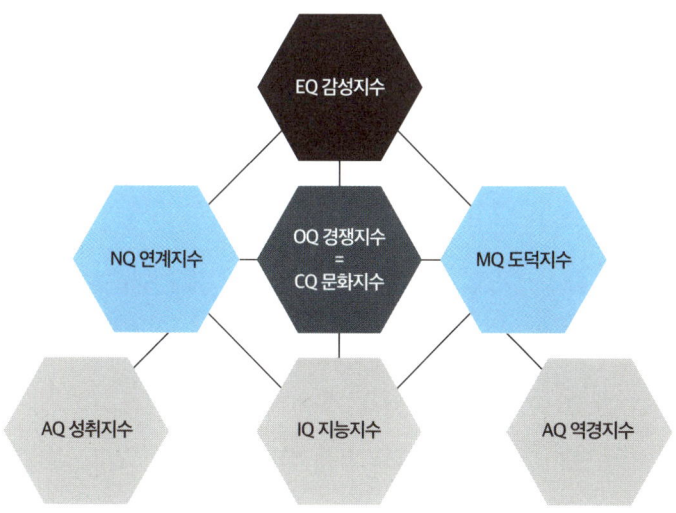

앞의 도표는 다양한 지수 중에서 감성지수가 차지하는 비중을 잘 나타내주고 있다. 다른 많은 지수의 요소들에도 기본적으로 인간에게만 존재하는 '감성'이라는 것이 바탕에 깔려 있다는 것을 말해준다. 이성이 하이테크의 영역이라면 감성은 하이터치의 영역이다. 다니엘 골만은 '감성 능력이 잘 발달된 사람은 인생에서 만족감을 느끼고 능력을 발휘하며 마음의 습관을 지배한다'고 말했다.

세계적인 석학인 다니엘 핑크는 저서 『새로운 미래가 온다』에서 하이터치의 능력을 다음과 같이 정의했다.

"마음의 공감을 이끌어내는 능력, 인간관계의 미묘한 감정을 이해하는 능력, 어떤 사람의 개성에서 다른 사람을 즐겁게 해주는 요소를 도출해 내는 능력, 평범한 일상에서 목표와 의미를 이끌어내는 능력이다."

지금 시대는 지적이고 이성적인 사람보다 정서적으로 안정된 감성적인 사람을 요구하고 있다. 세상은 갈수록 감성적으로 변해가고 있다.

어떤 학자는 그 원인을 이렇게 분석했다. 이성적인 사고를 갖게 하는 신문이나 책들은 보지 않고 가슴에 직접 와 닿는 영상매체를 많이 보느라 사람이 감성적으로 되어간다는 것이다. 흔히 성공하는 사람들은 지능이나 환경이 좋은 사람이 아니라 정서적인 능력이 뛰어난 사람들이다. 직장에서 취직은 IQ로 하지만 승진은 EQ로 한다는 말까지 있다.

교육학 용어 중에 '하아로우의 실험'이라는 것이 있다. 심리학자 하아로우는 원숭이를 대상으로 애정실험을 했다. 원숭이는 코끼리, 돌고

래와 함께 지능이 높은 동물로 알려져 있다. 하아로우는 두 개의 인형을 만들어 아기 원숭이들에게 보여주었다. 하나는 딱딱한 재질로 만든 인형이었고 다른 하나는 솜과 천으로 만든 부드러운 인형이었다. 그는 인형의 가슴속에 젖병을 넣어 아기 원숭이들에게 내밀었다. 원숭이들은 양쪽으로 나뉘어 인형의 젖을 빨았다. 그런데 다음날부터는 전혀 다른 양상이 나타났다. 원숭이들은 철사인형은 거들떠보지도 않고 솜 인형으로만 몰려들었다.

하아로우는 이 실험결과에서 '짐승들도 딱딱한 것보다 부드러운 것을 좋아한다. 모든 동물은 포근하고 따뜻한 것을 좋아한다'라고 발표했다. 하물며 사람들은 어떠하겠는가? 날카롭고 차가운 사람에게는 사람이 붙지 않는다. 사람들은 따뜻하고 부드러운 사람과 함께 있고 싶어하는 것은 당연하다.

미 프린스턴대 정치학 교수인 프레드 그린슈타인이 『위대한 대통령은 무엇이 다른가The Presidential Difference』라는 책을 썼다. 대통령학의 세계적 권위자인 그는 이 책에서 현대 미국 대통령 11명의 감성 지능, 의사소통 능력, 정치력, 통치력, 인식 능력 등 여러 가지 자질을 검증했다. 국가 지도자가 갖추어야 할 리더십의 5대 요소를 심층 분석해놓은 것이다.

그중에서도 특히 감성 지능이 의미 있는 자질임을 강조하고 있다. 감성 지능을 다른 말로 하면 '인성지수'라 할 수 있다. 인성은 도리, 감성, 품성을 아우르는 개념이다. 인성은 하늘로부터 받은 천성과 인간이 본래 지닌 성품, '우리는 남이 아니라 하나'라는 마음씨다. 물질중심과 경쟁구조가 파괴한 인성을 찾으려면 도리와 감성, 품성을 회복해야 한다. 도리는 사람답게 사는 덕목이고 감성은 사람과 교감하는 에너지다. 품성은 반듯한 기운이다.

이를 종합해보면 인성은 어쩌면 문화적인 바탕과 수준 높은 교양을 의미한다. 이것이 바로 지도자가 갖추어야 할 덕목이다. 그것은 다른 모든 자질을 관통하는 공통분모가 된다. 감성 지능은 명령이나 강압과 같은 하드파워와 대비되는 소프트파워다.

그린슈타인은 감성 지능이란 '자기의 정서를 관리함으로써 리더십을 잃지 않고 건설적인 방향으로 자기를 관리해 나가는 능력'이라고 정의한다. 감성 지능이 결핍되면 앞서 말한 국가 지도자가 갖추어야 할 나머지 네 가지는 의미가 없다고 했다.

학자에 의하면 훌륭한 리더십에서 요구되는 필수적인 역량의 70%가 감성 능력이라고 한다. 감성적으로 똑똑하고 섬세한 사람들이 더 좋은 결실을 얻어낸다. 또 변화와 혁신을 이끌어내는 복잡한 일을 더 잘 처리해낸다.

지금은 과거의 정형화되고 단선적이었던 구조와는 전혀 달라 예측이 쉽지 않다. 현재는 통합 확산형 사회구조가 되어 고정의 사고방식으로는 통하지 않게 되어 있다. 무한한 가능성과 끝없는 도전 속에서 기회를 만들어내야 하는 창의성이 요구되는 시대다. 그 창의성이 바로 '감성의 기술emotional skills'이다.

성공하는 사람은 감성이 풍부한 사람이며 주위의 공감을 이끌어내는 지혜 넘치는 사람이다. 조직에서도 성공하는 리더에게는 구성원들과 끈끈한 감성적 공감대를 형성하는 능력이 있다.

여기에서 감성과 감정은 다른 의미를 갖는다. 감정은 자기 속에 상대를 넣으려고 하고 감성은 상대 속에 자기가 들어가려고 한다. 감성은 남의 아픔에 눈물도 흘릴 줄 아는 애틋함이다. 또 남을 이해하며 용서할 줄 아는 온유함이며, 행동으로 남을 이롭게 하려는 착한 성질이다.

영국의 대문호 셰익스피어는 감성적 배려심이 남달랐다. 한번은 그가 런던의 한 식당에서 식사를 하고 있었다. 식당에 들어서는 사람들이 모두 그에게 경의를 표하며 정중한 태도를 보였다. 손님들의 관심은 온통 대문호에게 집중되어 있었다.

그때 식당 현관을 청소하던 청년이 빗자루를 내던지며 한숨을 쉬었다. 셰익스피어는 청년을 불러 그 이유를 물었다.

"이보게, 왜 빗자루를 던지는 거요?"

청년이 대답했다.

"선생님과 저는 똑같은 인간입니다. 그런데 선생님은 사람들의 존경을 받고 저는 고작 바닥이나 쓸어야 한다는 것이 한심할 뿐입니다."

그러자 셰익스피어는 청년의 어깨를 가볍게 감싸안으며 말했다.

"자네와 나는 같은 일을 하고 있다네. 나는 펜으로 신이 지으신 우주의 한 부분을 표현하고 있지. 그런데 자네도 지금 신이 지으신 우주의 한 부분을 아름답게 청소하고 있잖은가. 결국 우리는 같은 일을 하고 있다네."

청년은 이에 감동했다. 그리고 자기의 경솔했던 행동을 사과하며 셰익스피어에게 정중히 경의를 표했다.

리더는 자신의 감성을 잘 다스린 다음 다른 사람의 감정에 긍정적인 영향을 주어야 한다. 그러면 단발적인 성과를 뛰어넘어 지속적인 성공 기반의 조직문화를 창출할 수 있다. 리더의 감정지능에 대해 다니엘 골만은『감성의 리더십』에서 다음과 같이 말하고 있다.

"감성 지능을 갖춘 리더는 적절한 사람을 대상으로 적절한 방법을 가지고 적절한 시간에 능력을 발휘할 줄 아는 사람이다. 그러한 리더십을 통해 열정적이고 유연한 분위기가 만들어 지게 되어 있다. 그러한 분위기에서 일하는 사람들은 자신들이 최고의 능력을 발휘할 수 있는 가장 혁신적인 공간에 있는 듯한 느낌을 받을 수밖에 없다."

행복을 주는 건 돈보다 시간

    사회가 복잡다단해지면서 사람들의 관심거리도 많아졌다. 생각해야 할 것도 많아지고 그에 따라 수많은 결정을 내려야 한다. 이를 행동에 옮기기도 해야 한다.

    그런데다 인터넷과 스마트 모바일 통신시대에 시간은 더욱 한정되어 있다. 이에 비해 알아야 할 지식과 처리해야 할 정보는 시시각각 넘쳐난다. 그래서 우리는 시간이 돈보다 더 값진 자원이 되는 세상 속에서 살고 있다.

    미국의 정치가이자 사상가인 벤자민 프랭클린은 시간과 돈에 대해서 많은 일화를 남겼다. 한번은 젊은 사업가에게 짧은 편지 하나를 보냈다. 제일 먼저 "시간이 돈이라는 것을 명심하시오!"라는 충고를 넣어서다. 사업가가 시간을 무의미하게 허비하게 되면 이중으로 손해를 보게 된다는 것을 강조하기 위해서였다. 하나는 돈을 더 못 벌어 손해고, 또 하나는 돈을 쓰게 되어 두 배로 손해가 날 것이라는 것이다. 시간의 낭비를 늘 깨우치라는 의도였다.

그는 한때 서점에서 일한 적이 있었다. 어느 날 한 손님이 책 한 권을 들고 얼마냐고 물었고, 프랭클린은 1달러라고 답을 했다. 그러자 손님이 책값을 깎으려고 흥정을 하느라 2-3분이 지나가버렸다.

그러자 프랭클린은 1달러 15센트를 내라고 했다. 손님은 싸게 해 달라고 하는데 15센트를 더 내라고 하자 기분이 상해 대꾸를 했다.

"어떻게 싸게 해 달라고 하는데 더 비싸게 부릅니까?"

이에 프랭클린은 이렇게 말했다.

"시간은 돈보다 귀한 것인데 쓸데없는 흥정을 하느라 시간을 소비했기 때문에 시간 값으로 15센트를 더 붙인 것입니다."

우리는 흔히 '시간은 돈'이라는 말을 많이 듣는다. 그러나 시간은 우리에게 생명과 같다. 시간을 어떻게 활용하는가에 따라 삶의 질이 달라진다. 인생을 24시간으로 볼 때 우리는 지금 몇 시쯤에 와 있을까?

내 시간을 소중하게 생각하지 않으면 남들도 내 시간의 가치를 알아주지 않는다. 킴 가스트는 시간의 가치에 대해 이렇게 말한다.

"당신이 자신의 시간을 가치 있게 생각하지 않으면 남들도 마찬가지일 것이다. 시간과 재능을 막 나누어주지 말고 팔아라."

누구에게나 시간은 동일하게 주어진다. 그 주어진 시간을 얼마나 의미 있고 가치 있게 사용하는가에 따라 인생의 차이가 나게 된다. 우리가 느끼지 못하는 사이에 이만큼 살아왔듯이 그렇게 삶은 지나가버릴 것이다. 이렇게 날아가는 듯한 삶의 시간 속에서 정말 가치 있는 중요한 것은 무엇일까? 재물이나 명예나 출세나 쾌락이 아닌 참다운 '성공'이다.

이제는 시간이 돈 이상의 가치를 갖게 된 세상이 되어 있다. 이런 환경 속에서 삶의 목표를 설정하고 자신의 가치관을 정립해서 일관되게 살아간다는 것은 말처럼 쉽지가 않다. 특히 무한 경쟁을 요구하는 사회구조에서 무가치하게 시간을 허비하며 산다는 것, 이는 그저 '포기하는 자'거나 '안주하는 자'가 되겠다는 선언이다.

그것은 긍정의 자세도 성공하는 삶도 아니요, 행복한 인생은 더더욱 아니다. 아무리 힘들고 어려운 상황에 부닥치더라도 자신이 추구하는 가치와 원칙을 지켜야 한다. 그리고 '잘 될 것이다!'라는 정신으로 보람과 의미를 찾아 나서는 것이 중요하다.

시간에 쫓겨 사느냐 아니면 시간을 다스리며 사느냐는 행복과 밀접한 관계가 있다. 또 돈을 버는 것보다 시간을 잘 활용하는 것이 행복감을 높여준다. 이것은 물질적인 풍요보다 정신적인 만족이 더 행복하다는 것을 말해 주는 것이다.

법정스님은 시간의 소중함을 이렇게 설파하고 있다.

"묵은 시간에 갇혀 시간을 등지지 말라. 과거의 좁은 방에서 나와 내일이면 이 세상에 없을 것처럼 살라. 우리는 지금 살아 있다는 사실에 감사할 줄 알아야 한다. 이 삶을 당연히 여기지 말라."

진정한 행복이란 무엇인가? 자신이 충족감을 느껴 만족하거나 즐거움을 느끼는 상태다. 여기에서 충족이란 자기가 원하는 어떤 욕구나 욕망이 채워져야 하는 조건부가 아니다. 달리 말해 불안감이나 초조함을 느끼지 않고 편안해지거나 또는 희망을 그리는 심리적인 상태에서의 좋은 감정을 의미한다.

좋은 느낌의 판단은 주관적이다. 다른 사람이 보는 것과는 다를 수가 있다. 그런데 행복을 욕구나 욕망이 충족되었을 때의 느낌으로 규정하면 그 행복은 '잠시의 강렬한 기쁨'에 지나지 않는다. 진정한 행복이란 상대적이 아니라 절대적인 성격이기에 말이다. 행복은 인간이 평생을 통해 추구하는, 인간이라면 누구나 바라는 최고의 가치다.

한 설문조사에 따르면 한국인의 23.7%가 자신이 '행복하다'라고 느끼고 있다. '나는 매우 행복하다'라는 항목은 겨우 7%였다. 그것은 사람들이 끝없는 욕구나 욕망에 사로잡혀 있기 때문이다. 물질주의적 가치관에다 출세적 관점에서 세상을 보고 있기 때문이리라.

성경에 '은을 사랑하는 자는 은으로 만족함이 없고, 풍부를 사랑하는 자는 소득으로 만족함이 없나니 이것도 헛되도다'라는 말씀이 있다. 그렇다면 물질이 꼭 행복의 조건은 아닐 것이다. 오히려 부의 축적은 더 큰 것을 원하거나, 가지고 있는 것을 잃을까 불안해지는 속성이 있기 마련이다.

조선의 학자 다산 정약용 선생은 사람이 누리는 복을 '열복熱福'과 '청복淸福'으로 나누었다. 열복은 요즘 시대와 같이 사회적으로 높은 지위에 올라 부귀를 누리며 호사스럽게 사는 것이다. 반면, 청복은 욕심을 부리지 않고 맑고 소박하게 주어진 여건 속에서도 감사하며 사는 것이다. 가진 것이 넉넉지 않고 지체가 높지 않아도 만족감과 행복감을 느끼는 정신적 여유다.

열복은 끝없는 경쟁을 치루면서 남을 누르고 내가 이겨야 하지만 청복은 그렇지 않다. 청복은 남을 배려하며 서로 존중하는 가운데서 '윈윈'을 도모하는 것이다.

한마디로 출세는 열복이요, 성공은 청복인 셈이다. 우리가 진정한 행복의 기준을 청복에서 찾는다면 더없이 아름다운 세상을 만들어 갈 수 있지 않을까?

너무도 빠른 마음의 속도

　다람쥐 쳇바퀴 속에서 쉴 틈도 없이 돌고 도는 세상 사람들에게 법정 스님은 말한다.

　"우리에게는 그립고 아쉬운 삶의 여백이 필요하다. 무엇이든 가득 채우려고 하지 말라."

　"하찮은 생각을 제처두고 삶의 본질에 눈을 돌려라. 그래야 인간으로서 당당하게 살 수 있다."

　"적게 보고 적게 듣고 필요한 말만 하면서 단순하고 간소하게 사는 것이야말로 행복해지는 길이다. 정보 과잉의 시대는 삶을 차분하게 돌아볼 여유를 빼앗아간다. 그래서 행복해지려면 아쉬운 듯 모자라게 살아가는 자세가 필요하다."

　복닥거리는 일상에서 벗어나고픈 현대인들의 심리를 반영하여 열리는 별난 대회가 있다. 이름하여 '멍때리기 대회'다. 2014년 10월 27일, 서울 용산구 전쟁기념관 앞에서는 누가 더 멍한지를 겨루는 '제1회 멍때리기 대회'가 열렸다. 멍때리기 대회는 현대인들이 빠른 속도와 경쟁 사회로 인한 스트레스에서 멀리 떨어지는 체험을 하자는 것이 취지였다.

멍때리기는 '아무 생각 없이 멍하니 있다'를 뜻하는 속어다. 그냥 정신이 나간 것처럼 한눈을 팔거나 넋을 잃은 상태를 말한다. 전문가들은 뇌가 끊임없는 자극을 받는 시대에 멍때리기는 효과적인 휴식 방법이라고 말한다.『멍 때려라』의 저자인 서울 강북삼성병원 정신건강의학과 신동원 교수가 말하길 멍때리기는 효율적으로 뇌를 재정비하는 기회라고 말하고 있다. 그는 '뇌는 휴식을 통해 새로운 생각을 채울 수 있는 여백을 만드는데, 현대인의 머리는 휴식할 시간이 없다'라고 지적하고 있다. 나아가 '신경증적인 불안감이 24시간 SNS에 접속하게 하는 등 무언가를 찾아 헤매게 만들고 있다'라고 말한다.

존 나이스 비트는 '현대인들은 24시간 내내 기술 중독시대에 살고 있다'라고 말한다. 하루 중 잠자는 시간을 빼놓고는 정보통신 기기들을 손에 달고 산다. 직장에서는 하루 종일 컴퓨터와 씨름을 해야 하고 사무실을 나와서는 스마트폰이나 태블릿 PC 등 모바일 기기를 끼고 살아야 한다. 그러다 보니 요즘 사람들은 빠르게 흘러가는 시간에 부족함을 느끼고 머리는 복잡해한다. 두뇌가 혹사당하고 있는 것이다. 정신의학적으로 현대인들의 뇌파를 측정해 보면 베타파 대역14~21Hz

에 속해 있다.

사람의 뇌 속에는 여러 가지 뇌파가 나온다. 그중 깨어있는 동안에 가장 지배적이고 강력하게 활동하는 뇌파가 바로 베타파다. 이것은 사람에게 불안, 흥분, 긴장을 유발하여 몸에 해로운 스트레스를 주는 뇌파다. 현대 사회 구조가 복잡다단하다 보니 스트레스 정도가 더 세질 수밖에 없다.

오감으로 아무리 좋은 것을 먹고, 듣고, 본다고 할지라도 점점 남는 것은 스트레스와 피로뿐이다. 우리사회의 행복지수가 낮다는 것은 바로 이 베타파의 영향 때문이다. 출세를 추구하는 지금처럼 욕구가 과한 구도에서는 점점 더 베타파에 노출되어 있어서다.

프랑스의 철학자이면서 에세이 작가인 피에르 쌍소가 쓴『느리게 산다는 것의 의미』라는 책이 있다. 여기서 저자는 열띤 공방전의 세상에서 느림과 신속함을 강조하며 '느림의 미덕'을 주장하고 있다. 사람들은 쌍소가 얘기하는 대로 '아침마다 떠오르는 햇살을 바라보는 감동'을 모른 채 일상에 빠져 허덕인다. 그는 현대 문화 속도의 가장 커다란 비극은 안식의 상실이라고 지적하고 있다. 안식을 회복하는 것이 현대문화의 구원이라고 강조한다.

옛날에 말이 주요 교통수단이었을 때 10시간에 가던 길이 지금은 자동차로는 1시간에 갈 수 있다. 컴퓨터가 도입됐을 때도 손으로 일했던 때에 비해 시간이 굉장히 절약되어 일로부터 해방될 수 있을 것으로 믿었다. 그러나 교통이 빨라지고 컴퓨터가 대신 일을 해주는 만큼 일이 더 많아졌고 시간은 점점 더 부족해졌다. 결국 과거보다 마음의 여유는 더 쪼그라들었다.

알파파 상태는 한가하고 평온한 상태다. 알파파 출현은 쾌적한 기분 상태와 평화로운 마음 상태와 관련이 있다. 건강하고 스트레스에 지배되지 않은 사람들은 많은 양의 알파파를 만들어낸다. 알파파가 우리의 몸을 지배하게 되면 긍정적인 생각과 기분 좋은 감정을 갖게 된다. 진정한 성공과 행복을 누리려면 뇌파를 일정하게 알파파 대역7~14Hz으로 환원시키겠다는 생각이 필요하다.

세상 살아가는 것도 팍팍한데 늘 알파파를 유지시킬 수만은 없을 것이다. 그렇지만 그런 방향으로 의식을 갖고 마음을 평안하게 가지려는 노력을 기울이는 것이 좋다. 습관화되도록 말이다. 그것은 바로 마음의 속도를 늦추는 것, 'Slow your mind' 정신이다.

알파파는 우리 뇌에 엔도르핀이라는 호르몬을 분비시키는 데 관여한다. 이 호르몬은 긍정적인 생각을 할 때 배출되는 신경 물질이다. 엔도르핀의 효과는 일반 약물 진통제의 200배에 달한다고 한다. 우리가 사랑할 때 마음이 흐뭇하고 기분이 좋은 것은 뇌 속에서 알파파가 나오면서 동시에 엔도르핀이 분비되기 때문이다. 알파파는 즐거운 느낌과 고요함을 만들어내면서 전 두뇌를 지배하게 된다.

베타파와 알파파를 비유해보자. 거울에 먼지가 끼어 있는 것을 베타파 상태라 하자. 이 상태에서는 사물을 제대로 비출 수 없으나 먼지를 닦아내기만 하면 환하게 빛난다. 이것이 알파파 상태다. 또 다른 비유를 들어보자면, 호수에 물결이 일면 호수 위에 아무것도 보이지 않는다. 그러나 호수의 물결이 고요하면 산도 비추고 구름도 비춘다.

사람이 깨어서 활동하는 동안에 몸에 해로운 베타파가 주로 나오고 밤에 잠을 자는 동안에 몸에 이로운 알파파가 나온다. 피곤할 때 잠을 푹 자고나서 개운해지는 것은 몸을 회복시키는 알파파가 충분히 생성되기 때문이다.

깨어 있을 때도 알파파가 나오는 경우가 있다. 웃거나, 사랑을 하거나, 좋은 생각을 하고 있을 때다. 그러면 우리 뇌에 충분한 산소 공급이 되어 뇌 기능을 활성화시킴으로써 좋은 단백질의 신경전달물질이 생겨난다. 미국 노스캐롤라이나대학UNC 연구팀에 따르면 최근 전기 자극을 통한 뇌파 조절로 알파파를 증가시켜 보았다. 그랬더니 창의력이 평균 7.4% 높아졌다고 한다.

잠재의식 속에 긍정의 가치를 내재화시키는 것은 알파파를 회복시키는 길이다. 그러면 마음이 평안해지고 정서가 차분해지며 정신이 맑아진다. 그에 따라 외부로 비춰지는 개인의 이미지도 확연하게 달라지게 된다.

'나는 매일 모든 면에서 점점 더 잘되어 간다', '나는 오늘도 좋은 일이 있을 것이다'와 같이 좋은 메시지를 통해 자기암시를 반복해서 실행하면 잠재의식이 활성화 된다. 잠재의식은 고요하고 조용했을 때 외부로부터의 정보를 더 잘 받아들인다. 알파파 상태에서 자기 자신에게 주입시키는 말은 단순한 기억이 아니라 자신의 몸속에 녹여져 발현 유전자가 된다. 대부분 사람들은 정신없이 바쁘게 베타파 속에 살아간다. 그런 여건에서 어떤 메시지를 입력하면 그것은 마치 컴퓨터에 '임시저장'하는 것과 같다.

긍정적인 열매는 곧 성공한 삶이요, 행복한 인생이 되는 것이다. 베타파는 세상을 격랑 속에 복잡하게 사는 길로 끌어가지만 알파파는 잔잔한 호수의 상태처럼 단순화된 평온함을 가져다준다. 알파파 상태에서 자신에게 하는 긍정적인 말은 긍정적인 결과를 가져오는 마법과 같다. 말의 영향에 대해 미국의 작가 마야 안젤로는 다음과 같이 우리에게 말해주고 있다.

"말은 몸속으로 들어온다. 그래서 우리를 건강하게 하고, 희망차게 만들고, 행복하게 하고, 높은 에너지를 갖게 하고, 놀라게 하고, 재미있게 하고, 명랑하게 만들어준다. 아니면 의기소침하게 할 수도 있다. 말은 우리의 몸속으로 들어와 우리를 우울하게 하고, 못마땅하게 하고, 화나게 하고, 아프게 하기도 한다."

긍정의 의식화 훈련을 위해 자신과의 시간을 자주 갖는 것이 좋다. 자기 자신을 객관화 시켜 대화의 대상으로 삼아 교감하고 소통하는 연습이 중요하다. 그러면 진정한 자아의 모습을 정립시키며 탐색할 수 있는 소중한 계기가 될 수 있다.

　긍정의 감성을 갖는 데에 자연을 벗삼는 일만큼 좋은 것은 없다. 자연은 인간의 모태이기 때문에 자연 가운데 들어가면 침잠의 느낌을 갖게 된다. 마음을 차분히 가라앉혀 깊이 사색하거나 자신의 세계에 깊이 몰입할 수 있게 된다.

　정치나 사업, 학업이나 인간관계에서 번민이 많으면 사람들은 홀연히 자연 속으로 떠난다. 그들이 찾아나서는 것은 세상의 복잡한 심사를 달래며 자연으로부터 얻을 수 있는 원초적 위안이다. 일상에서 떨어져 나와 멀찌감치 자신을 들여다보면 넓은 시각에서 모든 것을 바라볼 수 있다. 좀 더 입체적인 생각을 할 수가 있는 것이다.

　그래서 자연을 찾는 것은 넓은 마음으로 세상을 보는 값진 휴식의 시간이자 방전된 에너지를 다시 충전시키는 소중한 계기가 된다. 말하자면 '회상 효과Reminiscent Effect'를 거두는 것이다. 회상 효과는 무엇인가를 할 때 집중적으로 계속 하기보다 적절한 시간 간격을 유지하며 쉬면서 하는 게 효과적이란 것이다. 사람들은 어떤 일을 거듭할수록 피로가 쌓이고 주의 집중력이 떨어져 성취도가 떨어진다. 여유를 가지면서 일을 해야 주의 집중력이 생겨 생산적이게 된다.

　자연은 인간에게 정신적 자양분과 육체적 활력을 선사한다. 자연은 순진무구하기 때문이다. 사람은 사람을 배신하고 실망시키지만 자연은 그렇지 않다. 사람은 사회적인 동물이기 때문에 다양한 집단 속에서 사람들과 부딪치며 살아간다. 그러다 보니 이해관계가 복잡해지고 갈등이 생기게 되어 있다. 사회적 존재였던 사람들의 관계에서 요즘 변화가 일어나고 있다. 정보기술IT 문화가 대중화되어 소셜네트워크서비스SNS로 소통하게 되면서 사람들과의 관계가 멀어지는 추세가 되고 있다. 이 때문에 '관태기'라는 신조어도 등장했다. 관태기란 '관계의 권태기'의 줄임말이다.

그러면서 사람들은 다시 자연에게 눈길을 돌린다. 프랑스의 문학자이자 계몽사상가인 루소는 '자연으로 돌아가라'라는 유명한 말을 남겼다. 그는 '대자연에 견줄만한 교육자는 없다'라는 교훈도 남겼다. 그의 주장은 액면 그대로 자연 상태로 회귀하라는 것은 아닐 것이다. 자연 상태 속에서 인간이 자유롭고 불평등이 없는 이상향으로 복귀하자는 의미일 것이다.

시간을 내서 자연과 접하는 습관을 기르는 것은 바람직한 일이다. 이렇게 해서 자연과 자주 '대화'하는 기회를 갖는 것이다. 이런 대화에는 경쟁심이나 허영심은 끼여 있지 않다. 단지 고요하고 조용한 감정의 교류만이 있는 가장 행복한 대화가 될 수 있다. 자연과의 대화는 연인과의 속삭임 같은 포근함을 준다. 거기에는 자연의 생기 있게 살아 움직이는 힘이 있다. 그것은 바로 삶의 생동력生動力이다.

긴 겨울이 지나고 찾아오는 봄날, 언 땅을 밀고나오는 새싹의 생명력을 보라. 자연의 생기를 들이키며 기지개를 펴는 산새들의 노래를 들어보라. 거기에서 오는 감동과 순수한 감성으로 날카로운 이성과 사나운 감정을 순화시켜야 한다. 때로는 대자연 속에서 고독하게 생각에 잠기게 되면 또 다른 시야가 열리게 될 것이다.

자연 속에 뛰어들었을 때가 인간은 가장 인간다워지게 되어 있다, 이것은 우주의 자장磁場이 알파파7.8Hz에 속해 있는 것과 무관하지 않다. 자연 속에 숨 쉬는 이름 모를 풀 한포기, 들꽃 하나를 보며 대화를 하거나 사색에 침잠하는 것은 알파파를 체험하는 길이다.

자연과의 대화는 침묵의 언어로 이루어진다. 자연의 나무, 풀, 꽃과 대화하는 습관을 들여 보라. 아름다운 자연 속에서는 표현되지 않은 언어, 즉 인간이 한 번도 사용해 본 적이 없는 원색의 언어를 들을 수 있고 읽을 수가 있다. 이를 통해 오묘한 영감을 얻을 수 있다. 자연과의 대화는 구태여 표현할 필요가 없다. 그 말은 일종의 신비의 언어라고 할 수 있다. 자연에는 생명으로 꽉 찬, 엄청난 침묵의 언어가 숨겨져 있다. 그것은 인간세계에서처럼 쉽게 변질되거나 식언食言되거나 하지 않는 영원의 언어다.

어쨌든 자연을 사랑하고 잠재의식 속에 긍정 가치의 씨를 뿌리면 긍정의 에너지가 생성되게 되어 있다. 그러면 인생의 성공을 누릴 수 있다. 그리고 그 비결을 주위 사람들과 공유하고자 하는 열정도 생겨나게 된다.

매너는 긍정의 스마트파워

중국의 고전 『위략』에 '독서백편의자현讀書百遍義自現'이라는 말이 있다. '책을 백번 읽으면 자연히 그 뜻을 알게 된다'라는 뜻이다.

좋은 말, 긍정의 말도 수없이 되뇌면 현실로 이루어질 수 있다. 나는 행복을 누릴 가치가 있는 사람이야'라고 되풀이하여 말하면 스스로 행복한 삶을 살아갈 가능성이 커진다. 어떻게 하면 나를 행복하게 만들까 한번이라도 더 생각할 수 있기 때문이다. 그리고 그것을 찾으려 노력할 것이다.

'나는 예절이 있는 사람이야', '나는 매너가 있는 사람이야'를 계속해서 자신에게 입력하게 되면 그런 사람이 된다. 어떤 언어 습관을 붙이느냐에 따라서 그 사람의 인격이나 삶의 가치가 달라질 것이다. 대수롭지 않게 생각하고 반복하던 것이 어느새 자신의 삶에 고착되는 것이다. 인간의 존재는 언어습관의 결정체다.

미국 컬럼비아대학교 MBA 과정에서 우수 기업의 최고경영자CEO들을 대상으로 설문조사를 했다. '경영자로 성공을 이루는 데 가장 큰 영향을 준 요소는 무엇인가?'

이 질문에 대해 놀랍게도 93%가 능력, 기회, 의지력, 자신감, 행운이 아닌 매너를 꼽았다고 한다. 일반적으로 조직에서 성공하는 사람들을 살펴보면 80%가 감성적 요소가 강하다는 연구결과도 있다. 이 두 가지 사례는 매우 밀접한 관계를 갖고 있다. 매너란 세밀하고 섬세한 감성의 바탕에서 우러나오는 행위라는 것을 유추할 수 있게 해준다.

프랑스에서는 매너를 '삶을 멋지고 성공적으로 영위할 줄 아는 방법'이라고 정의하고 있다. 여기에서 매너란 개인의 감성이며, 나아가 스마트파워라 고 할 수 있다. 달리 말하면 문화적 소양을 갖춘 것을 뜻한다.

문화란 인간에게만 적용되는 가장 값진 가치다. 버나드 로젠블라트가 '문화란 인간이 생각하고, 행동하고, 소통하는 일체의 행위'라고 정의했다. 그렇게 보면 문화란 인간이 살아가는 그 자체라 할 수 있다. 백범 김구 선생은 이렇게 말했다.

"오직 한없이 가지고 싶은 것은 높은 문화의 힘이다. 문화의 힘은 우리 자신을 행복하게 하고 나아가서 남에게도 행복을 주기 때문이다."

아리스토텔레스는 '올바른 종류의 음악을 들으면 올바른 종류의 사람이 된다'라고 했다.

문화의 힘은 지금 이 시대의 스마트파워다. 그런 스마트파워가 개인에게 긍정의 힘으로 작용하게 된다. 긍정의 힘이란 합리적 사고와 판단, 유연한 행동으로 객관적 호응을 받는 그런 아우라 신비하며 고고한 기운를 말한다. 개인의 환경과 여건에 부합한 가장 적합하고, 최선의 효과를 가져다주는 모멘텀을 생기게 하는 것이 바로 긍정의 작용이다. 긍정은 자력으로 쌓아올린 토대에서 생성되는 타력에 의한 힘이다. 긍정의 힘은 개인의 능력과 통제를 초월하여 우주의 상서로운 기운이 가져다주는 에너지원이다.

앞서 말했지만 '뜻하지 않은 좋은 기회 세렌디피티'나 '의미 있는 우연의 일치 싱크로니시티'와 같은 현상은 긍정의 힘이 발현한 결과다.

여기에서 세렌디피티 Serendipity를 좀 더 살펴보자. 세렌딥 스리랑카의 옛 이름의《세 왕자》라는 동화에 나오는 주인공들 이야기다. 그들이 미처 알지 못했던 것들을 우연하게, 지혜롭게 발견하는 모습을 보면서 18세기 영국 작가 호레이스 월폴이 처음 이 말을 사용했다. 세렌디피티는 '예기치 않은 행운', '우연을 가장한 행운', '예기치 않게 새로운 것을 발견해내는 능력'을 가리킬 때 쓰인다. 세렌디피티는 긍정이면서 행복이다.

사실 세렌디피티는 아무 준비도 하지 않았는데 감나무에서 감 떨어지듯 저절로 오는 것이 아니다. 절실하게 필요로 하는 기회는 내가 생각의 문을 열어두고 있어야 굴러 들어오게 된다. 거기에 바라는 것을 매일 규칙적으로 마음에 담아두고 생각으로 다지고 다져야 된다. 그러면 천 개의 보이지 않는 손길이 행운의 기회를 가져다 줄 것이다.

　대학을 가는 것이 평생의 소원이었던 시골의 한 여학생이 있었다. 그러나 집안 형편으로 도저히 대학 진학은 꿈도 꾸지 못하는 형편이었다. 그럼에도 그녀는 대학에 가지 못할 거라고 생각해 본 적이 단 한 번도 없었다.

　오히려 수업을 듣고 교정을 거닐며 배우고 싶은 모든 것을 배우는 자기의 모습을 하루도 거르지 않고 매일 마음속으로 그렸다. 비록 그 당시에는 대학에 간다는 것이 불가능해 보였지만 언젠가는 갈 수 있을 것이라고 확신하고 있었다.

　고등학교 졸업반이던 어느 날 우편물을 가지러갔다가 자기 앞으로 온 우편물 하나를 보았다. 우체국 소인이 없는 것을 보니 누군가 직접 배달한 것이 틀림없었다. 우편물 속에는 메모도 없이 정확히 대학 입학금과 등록금에 해당하는 돈이 들어 있었다. 그 학생은 그 돈으로 그렇게도 원하던 대학 진학의 소원을 풀게 되었다. 물론 그 돈을 누가 보냈는지는 그 후로도 알 수가 없었다.

　그녀는 세렌디피티를 체험한 것이다. 생각지도 않은 기회는 불가사의한 신비의 영역이다. 긍정의 세계에서는 인과관계가 분명이 있다. 그것은 그 행운의 주인공에게 내재된 마인드파워일 것이다.

　한편 싱크로니시티Synchronicity란 일종의 의미가 있는 우연의 일치가 발생하였을 때 이를 설명하는 원리다. 개별적인 인과관계를 가지는 두

가지 사건이 동시에 연속적으로 발생했다 하자. 이 둘 사이에 어떠한 연관관계도 없지만 실제로는 우연하게 동시에 두 사건이 일어나게 된 현상을 의미 한다. 공시성共時性과 같은 심리적 현상을 설명하기 위해 심리학자 칼 융이 제창한 의사과학적 개념이다.

농구용어 중에 '버저비터Buzzer beater'라는 게 있다. 종료골 혹은 종료 득점이라고 하는데, 경기종료를 알리는 버저소리와 함께 성공된 골을 일컫는다. 역전의 묘미가 있는 골이다. 미국 NBA 스타 마이클 조던이나 매직 존슨이 바로 이 버저비터의 귀재였다. 버저가 울리는 순간 볼이 슛하는 선수의 손을 떠나 있어야 유효한 슛으로 인정되는 버저비터의 기적은 분명 싱크로니시티다.

그것은 수천, 수만 번의 피땀 어린 연습을 통해 이루어지는 결과다. 그런 오랜 연습을 통해 다져진 내공, 긍정의 힘이 작용한 것이다. 여기에서 무조건 '하면 된다'라는 생각만으로 밀어붙이는 것을 긍정이라고 할 수 없다. 합리적인 접근 방식을 우선시하는 시스템적 사고를 통해 꾸준한 노력을 다해야 한다.

자신이 열정을 쏟은 결과로 얻어지는 열매는 그것이 크던 작던 가장 소중한 것으로 감사해야 한다. 그래서 긍정은 자신이 쏟는 합리적 열정과 진력의 결과에 대한 수용과 감사한 자세의 또 다른 표현이라 할 수 있다.

긍정의 힘을 얻으면 자신에게 가장 적합한 결실을 적당한 시기에 가져다준다는 것을 기억해야 한다. 긍정의 힘은 모든 것을 긍정으로만 바라보는 것에서 나오는 게 아니다. 때로는 부정적인 생각이 드는 여건에서 가장 긍정적인 힘을 발휘할 때도 있다. 말하자면 '부정적 생각의 긍정의 힘The Positive Power of Negative Thinking'인 것이다.

여기서 부정적인 생각을 비관적인 생각이나 염세적인 생각과는 구분해야 한다. 부정적인 생각은 마음을 비우는 훈련이 되기도 하며, 남을 이해해 주는 계기를 만들어주는 생산적인 면도 있다. 다음에 긍정의 기회가 올 것이라고 믿고 마음을 다잡게 만드는 동력이 될 수 있다. 반면 비관적인 생각이나 염세적인 생각은 마음과 생각을 완전히 버려버리는 것이다. 스스로가 세상을 오로지 암담하고 괴로운 것으로 여겨 싫어하고 회피하는 파괴적인 면이 있다. 그리고는 더 이상의 바라는 바를 이루려고 하는 것을 아예 포기하는 것이다.

역경도 웃게 만드는 긍정의 힘

'역경지수AQ·Adversity Quotient'라는 게 있다. 미국의 커뮤니케이션 이론가인 폴 스톨츠 박사가 제안한 개념이다. 역경을 만날수록 더욱 단단해지는 희망의 근육을 나타내는 지표다. 역경지수는 새로운 스트레스에 생산적으로 대응할 수 있는 능력 수준이다. 어떤 역경에도 냉철한 현실 인식과 합리적인 판단을 바탕으로 끝까지 도전해 목표를 성취하는 능력을 재는 척도다.

그는 『역경지수』라는 저서에서 역경지수와 성공은 상관관계가 있다고 주장했다. 그러면서 역경지수가 높은 사람이 성공하는 시대가 올 것이라고 했다. '역경지수가 높은 사람=성공하는 사람'이란 등식이 성립된다. 이것은 동전의 앞뒤와 같다는 것을 의미한다. 역경지수 'AQ'는 동시에 성취지수 'AQ' 곧 'Achievement Quotient'와 동일하기 때문이다.

성공하는 사람은 역경에 부딪치더라도 그것을 난관으로 여기지 않고 성공을 위한 기회라고 받아들인다. 오히려 행운이라고 생각하며 감사해한다. 역경에 좌절해 원망과 한탄을 늘어놓는 한 줌의 시간도 아까워하며 새로운 도전에 나서는 것이다. 물병의 물을 보고 '반밖에'를 보는 사람과 '반이나'를 인지하는 사람은 분명 역경에 대처하는 자세가 다르다.

폴 스톨즈 박사는 어려움에 대응하는 유형을 등반에 비유하여 세 가지로 구분했다. 힘든 문제를 맞닥뜨리면 해보겠다는 도전은커녕 의지도 없이 포기하고 도망가 버리는 사람Quitter, 역경 앞에서 포기하지는 않지만 그렇다고 문제를 넘어갈 생각은 않고 그 자리에 머물러 안주하는 사람Camper, 역경이라는 산을 만났을 때 최선을 다해 역동적이며 창의적으로 그 산을 기어코 정복해 버리는 사람Climber이 있다고 한다.

이세돌 9단과 인공지능 '알파고'의 바둑 대국에 세계의 이목이 쏠렸던 적이 있다. 결과는 4:1, 알파고의 대승리였다. 하지만 대부분의 관심은 4번의 패배가 아닌 1번의 승리에 집중됐다.

3번을 내리 패배한 후 이세돌 9단은 '이세돌이 졌지, 인간이 진 게 아니다'라며 끝까지 승부를 포기하지 않았다. 그리고 4번째 대국에서 알파고에게 불계승을 받아냈다. 경기 결과만 놓고 보면 이세돌의 완전한 패배였다.

하지만 승패를 떠나서 끝까지 좌절하지 않고 도전을 계속한 이세돌의 정신은 우리에게 큰 감동을 주었다. 인간에게는 인공지능이 도저히

흉내 낼 수 없는 소중한 자산인 '마음'이 있다. 그 마음속에 존재하며 역경을 만날수록 더욱 단단해지는 희망의 끈은 어쩌면 긍정지수인지도 모른다. 실패를 당해서도 미래를 바라보며 나아가는 사람은 분명 긍정지수가 높은 사람이다. 긍정지수를 갖는 것은 미래를 개척하는 힘이 생기는 것이다.

여기에서 중요한 것은 '미래'라는 포인트다. 언제나 뒤를 돌아보지 않고 시선을 앞으로 향하도록 하는 것이다. 성공했든 실패했든 과거는 우리가 영원히 되돌릴 수 없다. 미래는 얼마든지 우리가 조각해 만들어 갈 수 있는 잠재적인 걸작품이다.

우리는 미래보다 과거를 보는 것에 익숙해져 있다. 긍정적이지 못하기 때문이다. 10년 이상 한국에서 활동하다 본국으로 돌아가는 한 외국인 기자에게 한국인의 단점을 알려달라고 청해보았다. 그가 첫 번째 지적한 것은, 한국 사람들은 미래 지향적이지 못하고 과거 지향적이라는 점이었다. 한국인들이 모이면 앞으로의 설계와 계획에 대한 이야기는 없고 그저 군대이야기, 지나간 정치사건 이야기, 과거의 동창 이야기 등으로 시간을 보낸다는 것이다.

할랜드라는 63세의 노인이 있었다. 그는 자신이 소유한 식당과 숙박시설을 몇 년 동안 운영해 왔다. 하루는 그에게 어느 사업가가 약 20만

달러에 숙식업 운영권을 넘겨달라는 제의를 해왔다. 그러자 그는 아직 은퇴할 생각은 없다는 이유로 거절해버렸다.

2년 후, 주정부에서 그의 사업장을 우회하는 새로운 간선 고속도로를 건설하였다. 이로 인해 1년도 되지 않아 할랜드는 모든 것을 잃었다. 그는 완전히 파산을 하게 되었고, 정부에서 나오는 적은 보조금 이외에는 수입도 없었다. 소중한 인생을 그렇게 보낼 수만은 없다고 생각했기 때문에, 그는 자기가 스스로 할 수 있는 일이 무엇인가를 곰곰이 떠올리기 시작했다. 그에게 떠오른 아이디어는 그가 자신 있게 할 수 있는 어릴 때부터 익힌 치킨 요리였다. 아마 누군가는 그 지식을 필요로 할 것이라 생각했다. 그리고는 자기를 필요로 하는 사람을 찾아 고물 차에 압력 조리기를 싣고 자기만의 특별한 조리법을 가지고 길을 떠났다.

하지만 모든 게 생각만큼 쉽지 않았다. 숙박할 돈이 없어서 차 안에서 자는 일도 허다했다. 가는 데마다 모든 식당들이 그의 제의를 거절했다. 할랜드는 1,009번 거절당한 후에야 그의 꿈을 믿어 주는 1,010번째 사람을 발견할 수 있었다. 몇 년 후 그는 자신의 식당을 열었고, 이 식당은 전 세계 100여 개 나라에 3만 3,000개 이상의 지점을 설립하는 시초가 되었다.

그의 이름은 커넬 할랜드 샌더스, 바로 1952년 켄터키 후라이드 치킨을 세운 전설적인 인물이다. 커넬 샌더스는 나이나 사업의 실패를 이유로 포기하지 않았다. 그는 오늘날 세계적으로 유명한 성공인이 된 것이다. 그의 세상을 이기는 힘 곧 긍정의 힘은 1,009번의 실패가 아니라 1,010번째의 성공적인 도전을 가능하게 만들었던 것이다.

영국의 존 메이저 수상은 매우 가난한 가정에서 태어났다. 그는 열 여섯 살 때 학교를 중퇴하고 가족을 부양하기 위해 노동의 현장에 뛰어 들었다. 그는 새벽부터 공사현장에서 콘크리트를 반죽했다. 두 시간의 새벽 노동을 마치고 간단한 토스트로 아침식사를 대신했다. 은행의 간 부와 정치가로서 명성을 얻은 후에도 그의 일상은 변치 않았다. 그의 집은 주로 서민층이 밀집된 지역에 있었다. 서민들이 출입하는 식당을 즐겨 찾기도 했다. 존 메이어는 수상이 된 후 기자들로부터 고난의 세 월을 어떻게 극복했느냐는 질문을 받고 그는 이렇게 대답했다.

"그 어떤 상황에서도 비관적인 생각을 갖지 않았다. 항상 희망을 갖 고 일하면 부정적인 생각이 사라진다. 하늘은 표정이 밝고 긍정적인 사 고를 가진 사람에게 복을 내려준다."

부정적이고 염세적인 생각은 긍정을 덮어버리는 먹구름이고 행복을 갉아먹는 좀벌레다. 표정을 바꾸면 생각도 달라진다. 어떻게 보면 세 상사는 긍정적인 것보다도 부정적인 것이 더 많을 수 있다. 긍정적인 것이 더 많다면 인간이 사는 세상은 샹그리라가 될 것이다.

통상적으로 어떻게 부정적인 것을 긍정적으로 받아들이느냐고 물을 것이다. 그러나 상황에 따라 그 부정적인 것을 긍정적으로 소화하는 것이 현명한 지혜다.

지혜의 사전적 정의는 '사물의 이치를 빨리 깨닫고 사물을 정확하게 처리하는 정신적 능력'이다. 간단히 말하면 '세상을 빨리 올바르게 인식하는 정신력'이라고 할 수 있다.

불가에서는 지혜를 두 가지로 구분한다. 하나는 근본지혜, 또 하나는 방편지혜다. 근본지혜는 우리의 마음속에 이미 내재된 것으로서 배워서 아는 것도 아니며 누가 가르쳐 주는 것도 아니다. 곧 습득된 것이 아니라 본래 가지고 있는 능력을 말한다.

방편지혜는 근본지혜를 바탕으로 습득을 통해 확장된 능력을 일컫는다. 그래서 많은 사람들과 인연을 맺게 하고, 믿음을 갖게 하고, 마음을 편하게 하고, 다양한 삶의 방식에 적용하게 하는 일이다. 또한 방편지혜는 문화 예술 등에 창조적으로 적용하는 기술도 포함된다.

긍정의 자세는 방편지혜라 할 수 있다. 방편지혜는 '도구적 이상'이 뛰어나다. 곧 주어진 목적을 성취하기 위해 수단을 어떻게 마련하는 것이 가장 경제적이고 합리적인가를 생각해내는 능력이다. 이것은 저절로 습득되는 것이 아니라 꾸준한 생각의 훈련을 통해 체득되는 것이라 할 수 있다.

지혜를 동원하여 어떤 일을 할 때 외관적으로는 좋은 결과를 얻었다 해도 참된 행복감이 없다면 그것은 긍정의 힘이 작용한 게 아니다. 행복이라는 것은 자신이 보는 관점에 따라 정해진다. 컵에 물이 반만 채워져 있다고 해보자. 없는 것보다 반이나 채워져 있어서 좋다고 느끼면 행복일 것이다. 하지만 반밖에 차지 않았다고 생각하면 불행일 것이다. 도스토예프스키는 '마음이 비뚤어진 사람들만이 불행하다. 행복이란 외면적인 데 있는 것이 아니라 인생에 대한 밝은 견해와 맑은 마음속에 깃드는 것이다'라고 했다.

스마트파워, 세상을 잡다

　현대의 빠르게 변화하는 사회문화체계는 이제 소프트파워 단계를 지나 스마트파워를 요구하고 있다. 스마트파워는 하드파워와 소프트파워가 조화롭게 결합된 힘을 의미한다. 이 '하드'와 '소프트'라는 두 가지 서로 다른 요소를 효과적으로 결합시켜 얻어내는 총체적 능력이니 매우 복합적이다. 그만큼 사회구조나 개인의 인식체계가 변천했다는 증거다.

　스마트파워는 신시대의 새로운 가치다. 권한과 권력에 영향력과 흡인력과 포용력을 결합시킨 개념이라고 할 수 있다. 이제는 개인에게도 긍정의 힘을 발휘하는 스마트파워가 사회적 경쟁력을 갖게 하는 결정적 요소가 되어 있다.

　다시 말하지만 긍정의 힘은 이러한 스마트파워를 올바르게 적용할 때 솟아나는 에너지라 할 수 있다. 다양한 지식을 터득하여 지혜를 축적한다면 스스로 긍정의 힘이 생성되게 되어 있다. 긍정의 힘은 부단한 노력으로 학습되는 것이기 때문이다.

지식과 달리 지혜는 하루아침에 뚝딱 생겨나는 게 아니다. 김치를 지식에 비유한다면 지혜는 묵은지라고 할 수 있다. 오랜 숙성기간을 거쳐야 만들어진다. 그런 요리 맛의 성패는 묵은지에 달려 있다. 김치를 1~2달 동안 담궈 놓는다 해서 묵은지가 되지 않는다. 적어도 2~3년, 많으면 5~6년을 발효시켜야 마침내 묵은지가 되는 법이다. 그래야 맛깔스럽고 영양가치도 커진다.

시인 고은 선생은 '원래부터 존재하는 지혜는 이 우주 안에 없다'라며 이렇게 말하고 있다.

"우리가 후회하고 시행착오를 일으키고 오류를 통해 지혜를 만들어 내는 거지요. 살아가면서 지혜가 하나씩 들러붙는 거에요. 오랜 세월이 흘러 조가비에 진주가 만들어지듯이요."

옛 우리 선조들은 어떤 권위로부터 배우는 것이 아니라 세상을 살아가면서 지혜를 얻었다. 지식에 앞서 삶의 체험과 질곡을 통해 깊은 지혜와 성찰을 얻은 것이다. 우리의 속담들에 이러한 지혜들이 잘 나타나 있다. 그 속담들을 체계화시키면 모두 현대의 경영학이 되고 처세술이 되고 리더십 이론이 되는 것이다.

지금은 지식 없는 지혜를 얻기가 어려운 세상이다. 다양한 지식을 습득하여 잘 숙성시켜 묵은지같은 지혜가 되게끔 해야 한다. 긍정의 힘은 얕은 지식에서 나오는 게 아니라 깊은 지혜의 샘에서 솟는 에너지다. 지식을 습득하기 위해서는 생산적이고 효율적인 네트워킹이 필요하다. 지금은 전문화 시대다. 따라서 사람들의 개인적 만남과 교류의 형태도 새로운 양상을 보여주고 있다. 평범한 사람보다도 지식과 정보가 많은 사람, 배울 게 있는 멘토 같은 사람, 기쁨과 즐거움을 주는 행복감 넘치는 사람과 같은 '신인간'들이 매력을 주게 되어 있다. 한마디로 그들은 긍정적인 사람들이다. 버트런드 러셀은 말했다.

"행복은 같은 취미와 의견을 지닌 사람들의 교제로써 축적된다. 인간적 행복을 원하는 사람은 칭찬을 더 많이 하고 시기심을 줄여야 한다."

그러한 신비로움을 풍기는 사람들은 단순하게 매력을 주는 것에 그치지 않고 긍정의 힘을 분배하게 되어 있다. 성공한 사람들은 긍정적인 에너지를 주는 사람들이다. 그들은 다른 사람들에게 영감을 주며 기운을 전해준다.

흔히 경쟁이 치열한 사회에서 성공하기 위해서는 경쟁자, 즉 다른 사람으로부터 에너지를 뺏어 와야 한다고 생각한다. 하지만 성공인들은 승자와 패자를 가르는 경쟁보다는 서로 공존하는 방법을 모색한다. 그런 부류의 사람들과 인간관계를 맺는 것은 긍정의 힘을 함께 나누는 중요한 기회가 된다. 긍정의 힘에는 영기靈氣어린 '아우라 에너지auric energy'가 담겨 있다.

　인생은 경험의 축적물이다. 그 경험의 축적물이 좋은 것으로만 되어 있으면 하고 누구나 바랄 것이다. 하지만 꼭 그렇지만 않은 것이 인생살이다. 중요한 것은 좋은 경험이든 나쁜 경험이든 그 속에는 언제나 배울 것이 있다는 것이다.

　때로는 어리석은 일이나 잘못된 일에서도 무언가 배울 것이 있다. 중국『시경』에 '은감불원殷鑑不遠'이라는 말이 있다. '경계를 삼을만한 좋은 전례가 의외로 가까운 것에 있다'는 뜻이다. 나쁜 사례에서도 '그렇게 하면 안 된다'는 점을 배운다는 의미다. 어떤 경우에든 배운다는 것은 지혜를 터득하는 것이다.

　중국의 고사에 '늙은 말의 지혜老馬之智'라는 게 있다. 세상살이는 경험에 의하여 축적된 지혜가 난관을 극복하는 데 도움이 된다는 내용이다. 관중管仲과 습붕濕朋이 제나라 환공을 따라가서 고죽국孤竹國을 정벌하기 위해 봄에 갔다가 돌아올 때는 겨울이 다 되었다. 시간이 오래 흐르다 보니 길을 잃게 되었다. 그러자 관중이 말을 꺼냈다.

　"늙은 말의 지혜를 이용하는 것이 좋겠소."

　그래서 즉시 말을 풀어 놓고 그 뒤를 따라가서 길을 찾을 수가 있었다. 그렇게 길을 찾아서 가는 도중에 숲 속을 지나게 되었는데 이번에는 물이 보이지 않았다. 이번에는 습붕이 말했다.

　"개미는 겨울에 산의 양지쪽에 살고, 여름에는 산의 음지쪽에 사는

데 개미둑이 한 치만 되면 그곳에는 물이 있을 거 같으오."

그리고는 그의 말대로 양지에서 물을 발견할 수가 있었다.

관중이나 습붕은 매우 지혜로운 사람이었다. 그럼에도 자신들이 모르는 일에는 하찮은 늙은 말이나 개미까지도 스승으로 삼는 것을 수치스럽게 여기지 않았다. 이것을 지켜본 환공이 찬탄을 했다.

"습붕은 가히 성인이오."

그래서 그 샘을 성천聖泉이라 이름지었다고 한다. 그리고 군사들은 그 물을 마시며 환호성을 올렸다.

05

**세상을 다르게
승리하는 비결**

열정을 불러일으키는 평범한 생각은 아무런 영감을 주지 못하는 훌륭한 생각보다 더 많은 것을 이루게 한다. | 메리 케이 애시

관점을 바꾸면 세상이 열린다

관점은 내가 세상을 보는 눈이다. 모든 일이 어떤 관점에서 보는가에 따라 의미가 달라지고, 성격이 달라진다. 세상을 긍정으로 바라보면 밝은 긍정의 색깔로 보일 테지만 부정으로 쳐다보면 검은 부정의 색깔로 보이게 되어 있다. 중요한 것은 사물과 상황을 대하는 각도와 구도다. 이것을 우리는 '프레임frame'이라고 한다.

프레임은 인식의 방법이나 인식의 기본 틀이다. 언어학자 조지 레이코프는 '현대인들이 정치·사회적 의제를 인식하는 과정에서 본질과 의미, 사건과 사실 사이의 관계를 정하는 직관적 틀'이라고 정의했다.

프레임의 가장 좋은 예는 물이 절반 들어 있는 병이다. 이 물병을 보고 한 사람은 "겨우 절반 밖에 안 남았네"라고 했다. 또 다른 사람은 "아직 절반씩이나 남았네"라고 했다. 이럴 때 보는 관점에 따라 물이 남아 있는 것에 초점을 둔 사람은 그렇지 않은 경우에 비해서 긍정적이다. 이때 동일한 대상을 두고 두 사람이 갖는 프레임에 따라 해석을 달리 한 것이다. 그럴 때 한 쪽은 긍정적이고 또 다른 쪽은 부정적이게 된다.

경쟁 사회를 살아가는데 있어 가장 중요한 능력은 어떤 사안이나 상황의 프레임을 어떻게 맞추는가다. 논의나 토론을 할 때도 프레임 설정이 대단히 중요하다. 또 상대방의 프레임을 간파해 내는 것이 필수적이다. 인생을 어떤 프레임으로 보는가에 따라 성패가 갈라진다. 그래서 성공하는 사람은 세상을 긍정의 프레임으로 바라보는 것이 습관화되어 있는 것이다.

흔히 긍정적인 사람은 세상을 큰 틀로 보는 경향이 있다. 어떤 일에 대해 그 필요한 이유, 의미, 목표, 비전에 초점을 두어 전체적으로 이상적인 면에 초점을 둔다. 이것을 '상위 프레임'이라 할 수 있다. 부정적인 사람은 구체적인 사항에 집착한다. 그 일을 하기가 쉬운지, 시간은 얼마나 걸리는지, 성공 가능성은 얼마나 되는지 등 소소한 것을 끄집어내게 된다. 지나치게 세부적인 것으로 들어가다 보면 그대로 부정적으로 흐르기가 쉽다. 이것은 '하위 프레임'이다.

상위 수준의 프레임을 갖고 있으면 '아니요'보다 '그렇다'는 대답을 자주 하게 되어있다. 반면 하위 수준의 프레임을 가지면 그 반대의 입장을 갖는 경향을 나타낸다. 성공하는 사람들은 긍정적인 상위 프레임을 지닌다고 할 수 있다.

생각을 달리 하는 습관은 매우 중요하다. 습관이라는 것은 하루 이

틀에 생기는 것이 아니라 수 년, 수십 년의 생활 속에서 굳어져버리는 생활의 형태이기 때문이다. 그 습관을 바꾼다는 것은 인식의 구조를 달리 하는 것이다.

미국의 시골학교 선생님이 음악 교육을 위해 피아노 한 대가 필요했다. 그래서 당시 갑부였던 포드 자동차 회사의 포드 회장에게 편지를 보냈다.

"회장님, 학교에 피아노 한 대가 필요합니다. 도와주시면 감사하겠습니다."

얼마 후 답장이 왔는데 열어보니 단돈 100달러가 들어 있었다. 그러나 선생님은 실망하지 않고 100달러로 땅콩을 사왔다. 대개 사람들은 '갑부가 피아노를 살 수 있는 돈을 주어야지 장난도 아니고 이게 뭐야' 라며 불평을 했을 것이다. 그러나 이 선생님은 사 온 땅콩을 학교부지에 심었다. 그리고 그 해 땅콩을 수확하여 팔았다. 몇 년을 그렇게 했더니 피아노를 살 수 있는 돈이 모아졌다. 선생님은 포드 회장에게 감사의 편지를 썼다.

"회장님의 도움으로 피아노 살 돈이 모아졌습니다. 감사합니다."

그러자 포드 회장으로부터 답장과 함께 만 달러가 송금되어 온 것이다. 답장에는 이렇게 적혀 있었다.

"선생님 같은 분이 미국에 있다는 것이 자랑스럽습니다. 선생님 같은 분은 처음입니다. 많은 사람들이 도움을 요청하지만 기부금을 주면 작다고 투덜대거나 모르는 척 해버렸습니다. 그런데 선생님은 작은 기부금에 대해서도 감사하고 이익까지 돌려주시니 제가 감격하였습니다. 여기 만 달러를 드리니 피아노를 사시기 바랍니다. 앞으로 도움을 청하시면 액수와 상관없이 제가 책임을 지겠습니다."

이 선생님은 가망이 없는 상황을 꿈을 이룰 수 있는 여건으로 전환시켜 현실을 이겨냈다. 작은 것 하나에도 감사할 줄 알고 창의적인 아이디어로 꿈을 이룬 위대한 성공인이다.

창의적인 씨앗은 긍정의 열매

사람은 무엇을 어떻게 보는가에 따라 그의 인생은 달라지게 되어있다. 한마디로 모든 것을 긍정의 시각으로 바라다보아야 성공인이 될 수 있다. 심지어 실패를 맞더라도 긍정으로 받아들여야 한다. 인류의 역사에 남은 많은 위인들은 생각의 관점을 달리 했다.

토마스 에디슨은 미국 플로리다에 실험실을 만들고 거기에서 무려 44년이나 실험을 했다. 그러나 전구의 필라멘트 실험이 실패를 거듭해 가자 제자가 불가능한 실험을 계속 시도하고 있는 것 같다고 했다. 에디슨은 굽히지 않았다. 오히려 지금까지 9,000번의 실패로 그때까지 쓴 9,000가지의 재료로는 필라멘트를 만들 수 없다는 것을 알게 된 것을 기뻐했다. 그 많은 실패를 새로운 재료를 찾는 기회로 삼은 것이다. 이런 끈질긴 시도는 결국 얼마 지나지 않아 최초로 필라멘트를 만들어

전구를 발명했다.

사실 발명왕 에디슨은 어릴 적부터 창의력이 남달랐다. 그는 소학교 1학년 1학기도 채우지 못하고 퇴학을 당했다. '1+1=2'라는 것을 인정하면서도 때로는 '1'이 된다고 고집했기 때문이다. 견디다 못한 선생님이 에디슨에게 어머니를 모시고 오게 하고는 흥분한 어조로 말했다.

"당신 아들은 석두이니 더 이상 가르칠 수 없습니다. 데려가십시오!"

그러자 어머니는 반문을 했다.

"아니, 무슨 말씀을요. 얘가 얼마나 똑똑한데 왜 그런 말씀을 하십니까?"

그에 선생님이 에디슨을 불러 어머니가 보는 앞에서 물었다.

"1+1은 얼마가 되지?"

"예, 둘이기도 하지만 하나가 되기도 합니다."

그러자 선생님은 어머니에게 말했다.

"보셨죠. 언제나 이렇게 말을 물고 늘어지기 때문에 다른 아이들 교육에 막대한 지장이 있습니다. 그러니 데리고 가서야겠습니다."

어머니는 그 상황에서 에디슨을 학교에서 데리고 올 수밖에 없었다.

에디슨은 걱정을 하는 어머니에게 '엄마! 1+1이 1이 되는 것을 보여줄까?'하고는 진흙을 이겨 양손에 가져 와서 '엄마, 잘 봐야 해. 자, 합치니 하나가 되잖아!'라고 하는 것이었다. 에디슨은 어릴 때부터 1+1이 2지만 때로는 1이 된다는 신념을 갖고 있었다. 이렇게 해서 '+ -'의 전기가 합하면 전등이 켜진다는 원리를 발견하게 된 것이다.

1665년, 영국에는 전염병이 전국적으로 유행하여 학교들이 휴교하게 되었다. 그러자 아이작 뉴턴은 케임브리지 대학교에 다니던 학교를 떠나 2년 동안 고향에 내려가 있었다. 어느 날, 집 앞뜰에 있는 사과나무 아래 앉아 졸고 있던 뉴턴은 사과가 자신의 머리 위로 떨어지는 것을 보고 의문을 갖게 되었다. 왜 사과는 위나 옆이 아니라 항상 아래로만 떨어지는 걸까?

그 의문을 풀기 위한 노력 끝에 뉴턴은 사과가 아래로 떨어지게 만드는 어떤 힘이 있을 것이라 생각했다. 이 힘이 바로 중력이라 여긴 것이다. 즉 중력이 작용해서 사과가 아래로 떨어지는 것이고, 이 중력은 우주에 있는 모든 물체 사이에 존재하는 힘이라 믿었다. 이것이 만유인력의 시초가 된 것이다. 사과나무에서 사과가 떨어지는 것을 본 사람은 많다. 그러나 뉴턴은 거기에서 만유인력의 법칙을 창안해 냈다.

끓는 물주전자를 무관심하게 쳐다본 사람은 많다. 그러나 와트는 거기서 짐을 끌고 가는 증기기관차를 생각해냈다. 번개를 보고 무서워한 사람은 많다. 그러나 프랭클린은 그 속에서 어두움을 밝힐 전기를 떠올렸다.

어느 날 조각가 로댕은 한 바위 앞에 섰다. 좋은 화강암이었다. 그러나 로댕에게 그 바위는 인생을 깊이 생각하며 고민하는 한 젊은이로 비

쳤다. 얼마 후 이 바위는 인류의 마음을 울리는 명작 〈생각하는 사람〉
이 되었다.

상상력이나 창조력은 관점을 바꾸는 것 곧 생각의 틀을 바꾸는 것에
서 시작된다. 고정관념과 과거의 사고방식에 얽매일 때 요즘 같은 치열
한 경쟁시대를 헤쳐 나갈 수 없다.

미래사회는 갈수록 상상력과 창조력을 필요로 한다. 앨빈 토플러의
말대로 미래에는 현재 있는 직업의 80% 정도가 바뀔 정도로 변화무쌍
한 세상이 될 것이기 때문이다. 미래를 대비하기 위해서는 끊임없이 배
워야 한다. 다양한 관점의 체험이 필요하며, 스스로 남다르게 생각하는
사고능력을 길러야 한다.

사람들은 흔히 창의성을 무에서 유를 창조하는 것처럼 새롭게 발견
하는 것으로 생각한다. 그러나 창의성은 이미 기존에 있던 것들을 조합
하고 연결하여 새롭게 만들어 내는 것이다. 사소한 것이라도 관점을 달
리해보는 것이다. 서로 관련 없던 생각이나 착상들이 시너지가 되어 새
로운 가치를 발견하는 것이다. 그것은 보는 각도에 따라 의미 또한 달
라지기 때문이다. 습관화되고 고정화된 시각이나 관점에서 벗어나 다
른 각도에서 사물을 보고, 생각하고, 느끼는 것이다.

여름날 한바탕 소나기가 쏟아지고 난 후 햇살이 비추면 먼 산등성이
위로 일곱 가지 색깔의 아름다운 무지개가 뜬다. 우리의 눈에 그 무지
개는 반원형으로 보인다. 무지개를 우리 눈에 들어오는 반원형으로만
보는 것이 바로 고정관념이다. 실제로 무지개의 모습은 완전한 원형이

다. 비행기 조종사들이 하늘에서 보는 무지개는 그대로 동그란 원형이다. 이처럼 무지개도 땅에서 보는 것과 하늘에서 보는 것이 각각 다르다. 보는 위치에 따라 무지개 형태가 다른 것이다.

땅에서 보면 무지개가 반원형이지만 그게 완전한 원형이라는 생각을 하는 것이 바로 창의성이다. 높이, 멀리서 바라보면 무지개가 전혀 다르게 보일 수 있다. '생각의 우리'를 깨고 사고의 유연성을 갖는 것이 창의성인 것이다.

카네기는 직원 채용시험에서 포장된 물건의 끈을 푸는 문제를 냈다. 시험이 끝난 뒤 카네기는 포장된 끈을 손으로 차근차근 꼼꼼하게 푼 사람은 불합격시켰다. 그 대신 칼로 단번에 잘라 낸 사람들을 합격시켰다. 카네기는 채용 시험에 응시한 사람들의 지식보다 지혜, 즉 고정된 생각을 깨는 사고의 유연성을 테스트 해본 것이다.

창의성은 특별한 사람에게만 있는 게 아니다. 창의력은 태생적으로 갖게 되는 것도 아니다. 마음을 활짝 열어젖히고 다각적으로 생각하려는 노력을 기울이면 된다. 고개는 180도 밖에 돌지 못하지만 인간의 사고는 360도 한 바퀴를 돌릴 수 있다. 이렇듯 사고를 바꾸면 세상이 달리 보인다. 그게 창의성이다. 창의성은 배우고 스스로 개발하여 얻어지는 사고의 습관이다. 에디슨이 말한 대로 1%의 영감에 99%의 땀을 흘려 훈련하면 된다. 창의성은 사람에게 계발되지 않은 채 잠자고 있는 70~80% 잠재의식에서 발현되는 두뇌의 힘이다.

찰스 슐츠의 만화 《피너츠》에 라이너스라는 아이가 등장한다. 이 소년은 항상 담요 한 장을 들고 다닌다. 담요를 가지고 있어야 마음이 편하다. 어떤 사람이 라이너스에게 물었다.

"애야, 넌 왜 담요를 늘 껴안고 다니니? 그러다 어른이 되면 그 담요를 어떻게 할꺼니?"

"저는 이 담요로 멋진 운동복을 만들어 입겠어요."

심리학 용어에 '고착상태fixation'라는 것이 있다. 과거의 습관을 계속 유지함으로써 안정감을 느끼는 현상을 말한다. 라이너스는 담요에 대해 고착상태에 빠져 있는 것이다. 고착상태에 빠져 있는 사람들은 특히 요즘처럼 빠르게 변화하는 시대를 따라가지 못한다.

세상은 21세기 첨단을 달리는데 생각은 과거의 고리타분한 타성에 머물러있으면 어떻게 될까? 병아리가 태어나면 달걀 껍질 속으로 도로 들어가지 못한다. 나비도 누에고치 속으로 되돌아가지 못한다. 고착의 굴레를 벗어나 새로운 세상을 받아들이는 긍정적인 사람에게 상서로운 기운, 곧 성공이 찾아오게 된다.

과거로부터 배인 생각의 습관에서 탈피해 창의력을 잘 개발하면 어떤 문제가 따라와도 해결할 수 있다. 또 어떤 목표의 달성도, 어떤 난관의 극복도 가능하다.

창의력이란 기본적으로 목표나 난관을 고정된 현상으로 보는 것이 아니다. 그것들의 변화된 양상을 상상하며 다른 관점에서 모색하는 능력이다. 앞서 말한 에디슨, 뉴턴, 와트, 프랭클린, 로댕이나 현대의 빌 게이츠 등은 창의적인 인물들이다.

창조력은 곧 상상력이며 이는 사물을 달리 보는 관점의 힘이다. 예술은 상상력이 가져다주는 결과물이다. 사업도 마찬가지라고 할 수 있다. 상상력은 쓸데없는 공상이나 헛된 꿈이 아니다. 지속적으로 새로운 방향에서 바라보고 그 원리를 찾아내려고 하는 생산적이고 발전적인 고민이다.

유대인들이 위대하다고 하는 것은 바로 이런 상상력 때문이다. 그들은 상상력을 인간이 가진 지혜의 일부분으로 인식하며 우리의 사고방식을 좀 더 자유롭고 유연하게 만들어준다고 믿는다. 언제나 앞을 내다보며 생각의 한계를 넓히려는 자세를 갖는다. 달리 말하면 긍정의 정신자세라 할 수 있다. 세계에서 유대인들처럼 긍정의 마인드를 가진 민족이 또 있을까? 아마 없을 것이다. 그러니 수천 년 동안 전 세계를 떠돌아다니면서도 성공하는 민족이 되었을 것이다.

유대인은 '자물쇠를 열 때 항상 열쇠를 사용하지는 않습니다'라는 말을 한다. 그들은 '정해진 방법으로만 문제를 해결하는 것이 아니다'라는 생각을 하기 때문이다. 그들은 어떤 문제에 봉착하게 되면 일반적인 해결책에 앞서 남과 다른 시각에서 접근을 모색한다. 그들은 통상적으로 생각하지 않는 묘안의 해법을 궁리하는 게 체질화 되어 있다. 실제 문제 해결에 직접적인 도움이 되지 않더라도 새로운 아이디어를 생각하는 것 자체를 기쁘게 받아들이는 것이다. 계속 찾아 나서다 보면 언젠가는 해결점에 도달할 수 있다는 끈기와 인내다.

세실 B. 드밀은 '사업의 성공은 훈련과 절도, 고된 노력을 요한다. 그러나 이런 것들에 지레 겁먹지만 않으면 성공의 기회는 오늘도 그 어느 때 못지않다'라고 말한다. 유대인들은 그런 믿음을 체득한 사람들이다.

유대인들은 역경을 긍정으로 승화시킨 '선구자Pioneer'들이었다. 어떤 환경에서든 좋은 일이 일어나는 우호적인 공간으로 바라보며 난관에 직면할 때 긍정주의로 힘을 얻은 주인공들이다. 자신들의 약점을 오히려 강점으로 만들어 창의적 경쟁력을 키워온 것이다.

철학자 니체는 유대인들을 '유럽에서 가장 강하고 질기고 순수한 민족'이라 묘사했다. 그가 말하길 '위대한 인간이란 역경을 극복할 줄 아는 동시에 그 역경을 사랑할 줄 아는 사람'이라 했다. 어쩌면 그들을 두고 한 말이 아닐까?

마커스 버킹엄은 저명한 컨설턴트이며《뉴욕타임스》의 베스트셀러 작가이자 연구자다. 그는 유능한 관리자와 효율적인 일터의 특성을 규명하기 위해 20여 년에 걸쳐 시행된 갤럽의 조사 프로젝트를 이끈 사람이다.

그는 그동안 성공한 사람들을 만나 인터뷰를 했다. 그 결과 성공한 사람들은 모두 약점의 지배에서 벗어나 강점을 재발견하는 데 자신의 모든 것을 쏟았다는 공통점을 갖고 있었다. 그들은 자신의 단점을 고치기 위한 시간과 노력을 20%정도 사용하고, 나머지 80%는 자신의 장점을 강화하는데 사용하고 있다는 것을 알아냈다.

중요한 것은 문제에 집중하면 그 문제에 집착해서 문제 중심으로의 삶을 살게 된다는 것이다. 오히려 그것을 없애기보다는 문제가 보내는 긍정적인 신호에 귀를 기울이고 행동을 변화시키는 자원으로 활용해야 한다. 그리고 자신의 정체성에 맞는 삶의 목적을 이루는데 삶의 에너지를 집중해야 한다. 유대인들처럼 말이다.

문제를 없애는데 에너지가 집중되어 있느냐 또는 이미 가지고 있는 강점을 강화하는데 에너지가 집중되어 있느냐에 따라 우리의 운명이 달라지게 된다. 어떤 것이든지 집중하는 쪽이 커지게 되고 커져버린 에너지는 현실을 끌어당기기 때문이다. 자신의 약점을 뒤로 밀쳐놓고 강점을 앞으로 끄집어내는 것, 이것이 성공하는 사람들의 긍정주의인 것이다.

소통의 힘, 사회적 지능지수SQ

'의사소통communication'은 사람과 사람 사이의 정보, 생각, 감정이 교환되는 것을 말한다. 즉 의사소통은 두 사람 이상이 언어, 비언어 등의 수단을 통해 의견, 감정, 정보를 전달하고 피드백을 받으면서 상호작용하는 과정이다.

사실 소통은 보이는 것과 달리 쉽지 않다. 말로 한다 해서 모두 소통이 되는 것이 아니기 때문이다. 의견이나 의사가 상대방에게 통했을 때 소통이 이루어지는 것이다. 상대방이 수용하지 않는 자기만의 주장이나 그것을 강요하는 일은 소통이라고 할 수 없다. 성공하는 사람은 소통에 능하다. 성공인은 달변가나 웅변가가 아니다. 긍정의 이미지를 통해서 마음을 전달하기 때문에 뜻이 통하게 만든다.

어떤 사회적 이슈가 있을 때마다 TV에서는 자주 토론을 한다. 그런데 거기에는 소통이 없다. 찬반 양측이 각자의 주장을 합리화하는 논리를 펼칠 뿐이기에 접점이 없다. 토론이라는 게 설전만 펼치며 평행선만 달리다 끝나기 십상이다. 말의 성찬인 셈이다. 어떻게 보면 진정한 소통은 자신의 생각 이미지를 교류하는 것인지도 모른다.

소통의 중요성을 알 수 있는 메라비언 법칙이 있다. 이 법칙은 소통에서 시각과 청각의 요소가 얼마나 중요한지를 보여준다. 심리학자 메라비언은 사람이 소통하는 데에 있어서 동작 등의 시각요소가 55%, 목소리 등 청각요소가 38%의 영향을 미친다고 했다. 언어로 이루어진 근본 내용은 7%밖에 안 된다는 이론이다. 대면이 아니라 전화로 통화할 때는 말의 태도가 85%까지 전달의 영향력을 갖는다고도 한다.

『무지개 원리』에서 차동엽 박사는 다음과 같이 말하고 있다.

"인간은 '보고 들은' 것에 의해 지배를 받는다고 하여도 과언이 아닐 것이다. 특히 인간은 '보는 것'에 의존해서 진화해 왔다. 인간의 감각에는 여러 가지가 있지만, 시각은 모든 감각의 60%를 점유한다. 일상생활에서도 사물을 보는 행위는 높은 비율을 차지하고 있다."

결국 다른 사람과의 소통에 있어서 말의 내용만 치중해서는 안 된다. 표정과 동작과 어조를 통하여 이미지를 전달하며 언어의 내용과 일치시키는 것이 중요하다.

경영학자 피터 드러커는 '의사소통에서 제일 중요한 것은 상대방이 말하지 않은 소리를 듣는 것이다'라고 했다. 가정이나 직장에서 수많은 말을 하지만 그중에서도 말하지 않은 내면의 소리를 듣지 못해 갈등이 생기고 상대방과 골이 깊어지게 되는 법이다.

오죽했으면 직장인 93%가 동료 때문에 스트레스를 많이 받고 있으며, 비호감 1위를 '불통'으로 꼽았을까? 이유는 직장 동료와의 대화 중 진짜 속마음을 간파하지 못해서다. 진정한 소통의 부재 때문이다. 소통의 가장 중요한 부분은 대화다. 자기 생각이 옳다고 여기며 상대방이 무조건 이해해주고 따라오기를 기대하는 것은 대화가 아니다.

대화가 인간관계의 기본임에도 불구하고 현대사회에서는 갈수록 대화가 메말라가고 있다. 대화의 대상이 인간이 아니라 텔레비전, 컴퓨터, 휴대폰이 되고 있어 모두가 대화 부족사회를 살아가고 있는 셈이다.

유대인들의 강점은 대화 곧 소통이다. 그들은 매일 저녁에는 빼놓지 않고 가족들이 밥상머리 대화를 갖는다. 대화를 이용한 이스라엘의 전통 교육방식인 '하브루타'다. 그들은 유아기에 말이 트이기 시작할 때부터 토라와 탈무드로 대화하는 기초를 배운다. 그들은 어릴 때부터 개인적 역량을 키워 나가기 시작한다.

우리는 흔히 개인주의와 이기주의를 혼동하고 있다. 개인주의라고 하면 이기주의나 집단주의를 떠올려 부정적인 개념으로 오해하곤 한다. 그러나 진정한 개인주의는 각 개인의 가치와 존재를 우선적으로 인정한다. 그리고 그 개인들이 모여 사회 공동체를 이루게 된다.

사회적 지능지수 즉 'SQ'는 사회 공동체 속에서 개인의 역할과 기능을 중시한다. 그 개인의 능력이 모여 궁극적으로 시너지 효과를 내는 총체적 조직역량을 창출한다. 다양한 능력을 갖춘 개개인들이 하나의 사회적, 조직적 융합을 이룬다. 이를 통해 지속적으로 성장 발전해 나가는 동력을 제공해 주는 패러다임이다. SQ는 쉽게 말해 공동체 가운데 남을 배려하고 이해하는 능력이다.

유대인들의 하브루타 교육은 기본적으로 파트너와 함께 하는 방식을 취한다. 개인이 공부를 하면서 반드시 상대가 있어야 되는 구조다. 하브루타라는 말은 원래 '토론을 함께 하는 짝이나 친구, 파트너'를 일컫는 말이었다.

미국 MIT 대학의 사회심리학자 르윈 교수가 외부 정보가 우리의 두뇌에 기억되는 비율을 학습활동별로 정리해 보았다. 다양한 방법으로 공부를 하고나서 24시간 후에 남아 있는 비율을 알아본 것이다.

그 결과를 보면 강의 전달 설명은 5%, 읽기는 10%, 시청각 교육은 20%, 시범과 현장 견학은 30%의 효율성을 갖는 것으로 나타냈다. 그런데 토론은 50%, 직접 체험은 75%, 다른 사람을 가르치는 것은 90%였다. 하브루타는 파트너와의 토론을 통해 직접 체험한다. 서로 가르치고 배워가니 최고의 공부 방법이 아닐 수 없다. 유대인들로 하여금 창의성을 계발하고 사회성을 높여 경쟁력을 갖출 수 있도록 한 것이다.

SQ가 높은 사람은 성격이 둥글둥글하고 원만한 사람이다. 성격이 원만하다고 하는 것은 '사람이 부드럽다'고 표현하는 감성적인 의미와는 다르다. EQ감성 문화 지수가 개인에 초점을 맞춘 감성이라면 SQ는 한 단계 나아가 사회적인 활동의 맥락이다. 그 속에서 맺어지는 안정적인 인간관계를 지칭한다.

유대인들이 저녁 식탁에 함께 모이는 것은 부모가 자녀들을 혼내고 훈계하는 자리가 아니다. 그들에게 밥상머리는 대화를 나누며 정감을 나누는 소통의 장이다. 가족 구성원들이 마음과 생각과 정서를 함께 나누는 소통의 기회다. 어떤 주제를 놓고는 가족 구성원들끼리 진지한 토론도 벌인다. 유대인들은 이런 소통의 훈련을 통해 가장 창의적인 민족이 되었으며 성공인들을 배출해 냈다. 세계 인구의 0.25%에 지능지수로는 세계 45위이지만 유대인들은 무려 30%의 노벨상 수상자, 30%가 하버드 대학 출신이다.

세계의 정치, 경제, 사회, 금융, 언론, 법률, 학술, 예술 등 모든 분야에서 유대인들은 정상을 차지하고 있다. 그런 탁월성을 보이는 단 하나의 요인은 바로 함께 이야기를 나누는 대화식 토론에 있다. 자기의 주장만 내세우고 고집을 피우는 소모적인 논쟁이 아니다.

그렇다면 어떻게 대화를 이끌어가는 것이 효과적일까? 다음은 생산적인 대화법을 위한 열 가지 요소다.

생산적인 대화법

1 상대방의 말을 경청하는 자세를 취하라.

2 중간 중간에 관심을 표시하는 반응을 보여라.

3 상대방의 말의 맥락을 이어 자신의 생각을 보태라.

4 존중의 뜻으로 상대방의 말을 정리해 되풀이하라.

5 상대방의 입장에 서서 이해하도록 노력하라.

6 상대방의 말을 끊지 말고 최대한 들어주라.

7 너무 논리적으로 상대방의 허점을 공략하지 마라.

8 말을 듣는 도중에 이해가 안 되면 공손히 되물어라.

9 중요한 내용은 메모를 함으로써 상대방의 신뢰를 얻어라.

10 이야기는 유머나 덕담으로 마무리하며 감사를 표하라.

세상의 지혜, 학습으로 얻다

學而時習之 不亦說乎

학이시습지 불역열호

학문을 함에 있어 그 배운 바를 기회가 있을 때마다 복습하고 연습하라. 그 배운 바는 참다운 내 지식이 될 것이고, 나아가 그것은 내 몸에 배어서 피와 살로 된다. 이것이야말로 그 얼마나 기쁜 일인가?

공자의 『논어』맨 처음 제1장에 나오는 말이다. 공자는 2,500년 전에 '배움'을 주장했다. 『논어』는 기원전 552~479년 공자 시대에 이미 세상을 살아감에 있어 우리에게 필요한 생활의 참다운 지혜를 가르치고 있다. 무엇보다 학습할 것부터 권장하고 있다. 인간이 배우고 익혀 실천하는 것은 만고의 진리다.

현대사회에서 공자가 말했던 '學而時習之'는 바로 '학습' 그 자체의 '러닝learning'이다. 개인이 되었든, 조직이 되었든 끊임없이 배우지 않으면 세상의 흐름을 따라갈 수 없게 되었다. 특히 지식과 정보가 쏟아지고 있는 새 천년의 현대사회에서 어제의 '앎'은 이미 오늘에는 의미가 없게 되었다.

첨단문명은 하루가 다르게 모든 것을 급격하게 변화시키고 있다. 지금은 일 년이면 세계에서 가장 크다는 미국 국회의사당 도서관의 100만 채 분량의 지식정보가 생산되는 세상이다. 과거의 지식은 의미가 없어지고 늘 신지식으로 무장을 해야 하는 시대다. 오히려 과거 지식에 빠지는 것을 경계하여 옛날 것은 잊어버리라는 말까지 나온다. 바로 '언러닝unlearning', '기존의 틀에서 배웠던 것을 단절하는 과정'이다. 일부러 과거의 불필요한 지식을 잊어버리는 것을 의미한다.

사람들은 한번 배운 것이면 그것으로 다 아는 체하기 일쑤지만, 따지고 보면 다 알고 있는 것도 아니다. 그러므로 이미 배운 바를 기회가 있을 때마다 되풀이하여 복습하고 연습해야 한다. 그래야만 자연히 그 참뜻을 알게 되고 체득할 수 있기 때문이다. 그러한 평생학습 습관은 우리에게 진정한 기쁨을 준다.

프랑스의 시인이자 사상가였던 샤를 페기는 이런 얘기를 했다.

"가장 탁월한 인물은 자기연마와 공부를 멈추지 않았던 사람, 지금도 멈추지 않는 사람을 말한다. 노력 없이는 아무것도 얻을 수 없다. 인생은 영원한 공부다."

공부에는 한계가 없다. 공부의 '고수高手'라고 불리는 우리나라 석학들은 '배우는 것'이야말로 인생의 가장 큰 가치임을 증명해 준 사람들이다. 그들은 한결같이 말하고 있다. 먼저 100권이 넘는 저서를 낸 '자기계발 전도사'로 경영연구소를 운영하는 공병호 소장이 젊은이들에게 말한다.

"요즘처럼 급속도로 변화하는 세상에서 지식과 정보의 수명은 3년밖에 되지 않는다. 직업인으로 살아남으려면 공부는 선택이 아니라 필수다."

그러면서 '범용형汎用型 공부는 지속 불가능하기 때문에 단기, 중기, 장기, 지식을 조준하라'라고 덧붙인다.

최재천 이화여대 석좌교수는 '공부는 나의 삶'이라는 생각으로 꾸준히 즐기면서 해야 한다'라고 했다. 또 강상중 일본 세이가쿠인대학 교수는 '세계는 수수께끼로 가득 차있으며 끊임없이 변화하기 때문에 평생 배움이 필요하다'라고 강조한다. 정민 한양대 교수는 '세상 공부는 더 살벌한 진검 대결이다. 제대로 하고 똑바로 하지 않으면 뒷감당이 안 된다'라고 주장한다.

고대 그리스의 대표적인 철학자였던 에픽테토스가 있다. 그는 소아시아에서 노예로 출생하였으며 고문을 받아 절름발이가 되었다. 그는 이때 철학을 배웠으며 노예에서 해방되자 젊은이들에게 철학을 가르쳤다. 그의 사상은 의지의 철학으로서 실천적인 면을 강조하고 있다. 그는 '사람은 왜 배워야 하는지'에 대해 다음과 같이 설파했다.

"당신이 좋은 책을 읽고 지식을 얻는 것은 남을 업신여기기 위한 것이 아니다. 남을 도울 수 있고 남에게 무엇인가 줄 수 있는 힘을 얻기 위한 것이라고 생각한다. 고독의 창문을 열고 보라. 배운 것을 실제로 사용할 때가 많다."

근래 기업에서는 '조직학습OL·Organizational Learning' 개념이 각광을 받고 있다. 경영자들은 조직학습을 조직의 실적을 향상시키는 강력한 도구로 받아들이고 있다. 사회문화체계가 급변하고 비즈니스 환경이 유동적이게 바뀜에 따라 '새로운 것들'에 대한 학습이 절실해졌기 때문이다.

세기의 전략가로 불리는 피터 셍게는 이렇게 말하고 있다.

"이제 CEO들은 CLOChief Learning Officer로 변신해야 한다. CEO들이 먼저 많은 것을 알아야 한다. 과거처럼 CEO가 모든 문제에 대한 정답을 갖고 의사결정을 내릴 수가 없다. 그보다는 조직의 구성원들이 갖고 있는 지식에 귀를 기울이고 끊임없이 배워나가며 집단지력을 키워나가야 한다."

여기에서 CEO는 가정에서는 부모일 것이며 회사에서는 사장일 것이다. 가정이나 회사의 조직을 이끌어 가는 책임자는 끊임없이 배워야 한다. 어느 곳이든 성공하는 조직은 배움이 일상이 되어 있어야 한다.

앞서 유대인의 성공법은 '학습의 생활화'였다는 것을 보았다.

유대인 랍비 히레르에 대한 유명한 일화가 있다. 히레르는 매우 성실한 사람인데다 무엇보다도 배움에 대한 열정이 남과 달랐다. 그는 훌륭한 사람이 되려면 공부를 열심히 해야 한다고 생각했다. 그래서 수업료를 마련하기 위해 아침부터 밤늦게까지 열심히 일했다. 하지만 주머니에 들어오는 돈은 겨우 몇 푼뿐이었다.

그러던 어느 날, 히레르는 문득 방법을 떠올렸다. 아무도 모르게 학교 교실 지붕 위로 올라가야겠다는 생각이었다. 히레르는 굴뚝 구멍에 귀를 대고 하룻밤 동안 교실에서 진행되는 수업을 전부 들었다.

한 달이 지나고 두 달이 지났다. 마침내 겨울이 찾아왔다. 그 날도 그는 지붕에 올라갔다. 매서운 바람이 얼굴을 할퀴고 지나갔다. 그는 차가운 굴뚝에 몸을 기댄 채 추위에 떨면서 공부했다. 그러다 추위에 지친 그는 그만 잠이 들고 말았다. 밤이 되자 눈이 내리기 시작했다. 잠든 그의 몸 위로 하얀 눈이 쌓여갔다.

아침이 되고 다시 수업이 시작되었다. 그런데 교실 안이 다른 때 보다 어두웠다. 이상하게 생각한 학생들은 천장을 올려다보았다. 지붕에 있던 창문이 사람 그림자에 가려져 있었다. 학생들과 선생님은 지붕 위로 올라가 꽁꽁 언 그를 끌어내렸다. 그리고는 난로 불로 그의 몸을 녹여주었다. 그 후 히레르는 수업료를 면제 받았고 무사히 수업을 들을 수 있게 되었다. 뿐만 아니라 이때부터 학교의 수업료도 없어졌다.

이 일화에서 '배우려고 하는 학생은 부끄러워해서는 안 된다'라는 히레르의 명언이 탄생했다.

전 세계에서 자녀들에 대한 공부 열정이 가장 강한 민족은 한국인과 유대인이다. 그런데 두 민족 간에는 차이가 있다. 한국 사람들은 자녀들에게 무조건 '공부해라, 공부해라'라며 다그치는 식이고, 유대인들은 자녀들과 함께 배운다. 유대인들은 시대의 흐름을 따라가며 그에 걸맞는 학습을 한다. 그에 반해 한국인들은 부모의 과거와 현재의 경험을 토대로 공부 기준을 정한다.

유대인들이 미래지향적이라면 한국인들은 과거지향적이다. 배움을 어떤 지향점을 두는가에 따라 결과는 하늘과 땅 차이다. 그리고 그것이 곧 경쟁력이 된다.

학습에는 현재 적응형과 미래 주도형의 두 가지 방향이 있다. 현재 적응형 학습은 사회 환경조건의 변화에 대응해 이루어지는 단계적이고 점진적인 학습을 말한다. 이 경우는 사회 환경의 변화가 낮은 단계에 속한다. 초경쟁 사회에서는 사회 환경 변화에 따라 필요한 자질이나 자격을 갖추지 않으면 안 되기 때문에 부단히 배우는 자세가 필요하다. 사회적 환경이 엄청나게 변했는데도 불구하고 과거의 생각과 행동 습관을 갖고 있으면 어딘가에는 어려움에 부딪칠 것이다.

다른 한 가지는 미래주도형 학습이다. 사회 환경 조건의 변화 시기나 예측 시점에서 보다 적극적이고 능동적으로 이루어지는 학습이다. 주도 학습은 환경 변화에 대한 단순한 대응 이상의 공격적인 의미를 갖는다. 개인으로서는 급변하는 사회 환경을 대비하여 미리 자기계발을 하는 것이다. 그래서 개인 역량을 능동적으로 업그레이드 하는 자세다. 글로벌 시대에 영어를 배운다던지 아날로그 세대들은 디지털 기량을 습득하는 것은 필수적이다.

중국 당나라 학자 한유韓愈는 '어진 사람과 어리석은 사람은 애초에는 같았으나 배움의 힘에 따라 마침내 길을 달리한다'라고 했다. 고대 시대나 현대사회나 배운다는 것은 언제까지나 변치 않는 진리다. 배우는 이가 누구냐를 막론하고 지속적으로 공부해야 한다. 언제나 정보의 중심에 서서 시대가 요구하는 지적知的 신선함을 유지하는 것이 중요하다.

특히 100세 시대를 살아야 하는 지금은 더 많이 배워야 한다. 평생에 직장을 대여섯 군데는 옮겨 다녀야 하는 세상에서 공부에 매달리는 것은 유별난 게 아니다. 변화의 시대 속 인생의 서바이벌 게임을 이기고자 하는 또 하나의 방법이다. 2,500년 전 공자가 있던 시대에도 배움이 중요했는데 하물며 지금 시대는 어떻겠는가?

영국의 고전주의 시인이었던 알렉산더 포프는 어설픈 지식을 갖는 것을 두고 이렇게 비유하기도 했다.

"적게 배운다는 것은 위험한 일이다. 깊게 마시지 않으려면 피어리언 샘물을 아예 맛보지 말라. 얕게 마시는 것은 머리를 취하게 한다. 그러나 많이 마시면 다시 정신을 맑게 해준다."

여기에서 피어리언 샘물은 고대 희랍의 올림퍼스 산 밑에 있었다고 전해지는 곳이다. 이 샘물을 마시는 사람은 시상이 떠올라 좋은 시를 읊을 수 있었다고 한다. 어설프게 하지 말고 많이 배우라는 뜻에서 나온 비유다.

소크라테스와 같은 위대한 철학자도 '나는 단 한 가지 사실만은 알고 있는데 그것은 내가 아무것도 알지 못한다는 것이다'라고 했으니 말이다. 뭘 좀 안다고 나서는 행동은 정말 부끄러운 짓이다. 때때로 얕은 지식을 가진 사람이 더 많이 말을 하고 자기가 제일인양 행동한다. 이런 사람을 두고 루소는 일갈한다.

"조금밖에 모르는 사람이 말이 많다. 많이 아는 사람은 침묵을 좋아한다. 소인은 자기가 알고 있는 것을 대단하게 생각하고 누구에게나 말하고 싶어 한다. 그러나 큰 인물은 자기 지식을 남에게 알리기를 두려워한다. 그는 지금은 많은 말을 할 수 없으나 후에 더욱 많은 것들을 이야기 할 수 있음을 알고 잠자코 있는 것이다."

그는 우리에게 배움을 게을리하지 말아야 하며, 익은 벼는 고개를 숙이는 진리를 알려주고 있다. 그것은 특히 요즘 시대에 필요한 자극제다. 많은 이들에게 존경받는 훌륭한 사람은 어떤 분야에서든지 더 많은 배움의 과정을 거친 승리자이며 성공인이다.

경쟁력이 키워드가 되는 21세기에서 기업들은 세계적으로 심화되고 있는 경쟁을 헤쳐나가기 위해 빅 데이터가 기반이 되는 고도 지식경영에 나섰다. 고도 지식경영에 나설 수밖에 없는 것은 웹 3.0과 같은 '시맨틱 웹Semantic Web'의 기술 발전 때문이다.

시맨틱 웹이란 직역하자면 '의미론적인 웹'이라는 뜻이다. 웹문서, 파일, 서비스 등 현재의 인터넷 자원 사이의 관계를 통합해 그 '의미 정보'를 컴퓨터가 처리한다. 컴퓨터가 사람을 대신하여 정보를 읽고 이해하고 가공하여 새로운 정보를 만들어 낼 수 있도록 하는 차세대 지능형 웹을 말한다. 이제는 기계가 사람이 해오던 의미까지도 손쉽게 처리한다.

예를 들면, 휴가 계획을 짜기 위해 지금처럼 웹에 있는 여행 정보를 일일이 직접 찾아서 비행기와 호텔을 예약하는 게 아니다. 자동화된 프로그램에 휴가 일정과 개인의 선호도만을 알려주면 웹상의 정보를 스스로 해독하여 세부일정과 여행에 필요한 예약까지 손쉽게 해주는 것이다.

웹 2.0는 참여, 공유, 개방의 플랫폼 기반으로 정보를 함께 제작하고 공유한다. 하지만 웹 3.0은 개인화, 지능화된 웹으로 진화하여 개인의 중심에서 모든 것을 판단하고 추론하는 것을 목표로 하고 있다.

지금도 인터넷은 매일 엄청난 지식과 정보를 쏟아내고 있다. '넷크래프트NetCraft'에 의하면 이미 전 세계의 웹 사이트 수는 2014년 기준으로

10억 개를 훌쩍 넘어섰다. 여기에 지구상의 약 32억 명의 인구가 인터넷을 사용하고 있다. 이는 뉴 밀레니엄이 시작된 2,000년에 전 세계 웹사이트 수 약 1,700만개에, 사용자 약 4억여 명이었던 것과 비교하면 폭발적인 증가다. 정보통신의 비약적인 발전이 온 것이다.

웹 3.0체제에서는 소비자나 조직의 구성원 모두가 한 공동체를 이룬다. 여기에서 다이내믹하게 정보가 생산되고 소통되어 공유되는 현상이 나타난다. 이제는 생산자 못지않게 소비자가 디지털 기술을 활용해 지식을 습득, 창출한다. 그리고 그것을 다시 서로가 공유하는 수준도 고도화되고 있다. 개인 생활에서도 웹 3.0은 새로운 문화를 창출하게 될 것이다.

그렇기에 지식은 더욱 강조될 수밖에 없다. 젬호드는 '지식에는 한계가 없다. 다만 개인의 능력에 제한이 있을 뿐이다'라고 했지만 하늘로 비상하는 지식 속에 자신의 능력을 키우는 것은 시대적인 요구다.

운명을 바꾸는 지식과 정보

    지식은 곧 정보다. 정보는 새천년의 지식기반사회에 경쟁의 첨단병기다. 정보량이 폭발적으로 증가하고 있는 정보집약 사회에서는 국가간의 정보격차가 곧 국력의 차이가 된다. 개인 차원에서는 '어디서 어떤 정보를 이용할 수 있느냐에 대한 노하우'를 갖는 것이 중요해졌다. 끝없이 생산되고 유통되는 정보를 수집, 가공하여 생산적으로 실전에 활용하는 정밀한 능력이 필수다. 얼마나 남보다 정보를 많이 가졌는가가 경쟁의 척도다.

    기업에서는 정보가 무엇보다 중요해졌다. 요즘은 '넷파이netpy' 방지에 혈안이 되어 있다. 밖에서 정보를 수집하면서 내부적으로는 기업의 비밀이 새어나가지 않도록 모든 방책을 강구한다. 넷파이란 '네트워크 network'와 '스파이spy'를 합성한 신조어다. 인터넷을 통한 정보 교환이 늘어나면서 기업 비밀과 관련된 자료가 불법으로 빠져나가는 사례가 자주 발생한다. 그래서 기업들은 컴퓨터 서버에 기밀 유출을 방지하는 장치를 설치하고 있다.

현대의 전쟁은 정보전이라 해도 과언이 아니다. 세계 강국들일수록 정보수집에 골몰해 있다. 그들은 통신 위성과 같은 최첨단 정보수집 장비를 통해 주요 국가에 대한 모든 내용을 샅샅이 뒤진다. 미국과 러시아가 벌이는 정보전은 가히 상상을 초월한다. 심지어 그들은 상대방 국가에 대사관을 지을 때 모든 자재나 인력을 직접 본국에서 조달해간다. 건축물에 도청장치가 설치될까를 우려하기 때문이다. 보안감시를 철저히 하는 것은 실제로 이런 사례들이 발견되어 알려진 적이 있기 때문이다.

기술이 발달한 현대사회에서 정보수집 수단은 첨단을 달리고 있다. 종전에 주로 스파이와 같이 인적 자원을 통하던 '휴민트HUMINT' 정보수집 방법은 기초다. 요즘은 통신정보SIGINT이나 영상정보IMINT, 또는 전자정보ELINT와 같은 채널이 보다 효과적으로 이용되고 있다.

정보의 가치는 중국 춘추시대의 병법서에서도 그 중요성을 강조하고 있다. 『손자병법』은 제1편의 '시계편始計篇'에서 '나를 알고 상대방을 아는 것'이 중요함을 내세운다. 마지막 제13편의 '용간편用間篇'에서도 정보가 다시 한 번 언급되고 있다. 전쟁에서 승리하기 위해 정보수집의 중요성과 선별법에 대해 구체적으로 알려주고 있다. 기술이 발달되어 있지 않았던 그 당시에 가장 중요시되었을 정보원의 선정과 정보

활동의 전술적인 방법을 구체적으로 명시하고 있다. 논어에 이런 말이 있다.

"지식이 좁은 사람은 자기의 좁은 생각에 얽매어 아집에 사로잡히기 쉽게 된다. 학문에 의해 지식과 견문을 넓혀 유연한 정신 상태를 지니게 해야 할 것이다."

전란 발발 1년 전인 1591년, 이순신 장군은 강력한 전력을 갖춘 왜구가 내침할 것이라는 정보판단을 하게 된다. 그러자 가장 먼저 당시 적선에 대해 구체적으로 파악하고 있었던 정보를 분석하기 시작한다. 장군은 조선의 주력함이던 '판옥선板屋船'만으로는 해전을 치룰 수 없다는 결론에 다다른다. 그래서 만든 것이 세계 최초의 철갑선인 거북선이다. 이순신 장군은 이 거북선, 그것도 겨우 3척을 돌격선으로 투입하여 수적으로 우세한 적선 수백 척 함대를 격파할 수 있었다.

이순신 장군이 임진왜란에서 이긴 것은 정보전의 결과다. 그가 지식과 정보의 마인드를 갖고 있었기에 창의적인 생각을 할 수 있었고 유연한 태도를 가질 수 있었다.

막강한 군사력의 열세에도 불구하고 왜적을 물리칠 수 있었던 것은 정보력에 있었다. 왜적의 군선이 어디가 취약한가에 대해 정확하게 알고 있었기 때문이다. 이런 유용한 정보가 있었기에 이를 분석하여 대응

할 수 있는 거북선을 만들 수 있었다. 이 철갑선을 가지고 이순신 장군은 해전에서 당당히 승리하였다. 이는 결국 정보전의 쾌거라고 할 수 있다.

이처럼 고대나 현대나 전쟁에서 승리하기 위해서는 정보가 최우선이다. 이 정보가 지식 기반 사회가 되면서 기업 조직이나 개인들에게도 경쟁의 핵심역량이 되었다. 현대사회에서 정보의 가치가 더욱 중요해지는 것은 경쟁이 갈수록 점점 더 치열해지기 때문이다.

국내 최대 기업인 삼성의 정보력은 대단하다. 조직의 모든 구성원이 정보요원화 되어 있을 정도라고 한다. 그래서 요소마다 정보 네트워크를 구축하여 경영에 필요한 정보를 수집하고 있다. 그 정보력이 삼성을 한국의 대표적인 글로벌 기업으로 만드는 원동력이 되었다. '삼성=정보력'이라는 등식이 성립되어 있다고 말할 정도다.

우리 사회가 민주화되면서 명실상부한 언론 자유가 보장되어 민간 분야에서의 정보수집 활동도 활발해졌다. 이전의 독재 시대에는 많은 부분 국가기관에서만 정보를 편리하게 수집, 독점할 수 있었다. 이제는 언론사도 막강한 정보수집기관 역할을 하고 있다. 각 분야별로 언론사가 취재하는 정보는 방대하다. 아마 그 규모가 국가 정보기관 못지않을 것이다. 흔히 신문사가 취재하는 정보량의 30% 정도만 지면에 반영되고 있다고 하니 말이다.

정보능력이 경쟁의 필수인 이유는 상대방에 대한 지식을 가져야 효과적인 전략과 전술을 세울 수 있기 때문이다. 경쟁은 반드시 비교할 대상이 있을 때 성립되는 상대적인 개념이다. 개인이나 조직이 독자적으로 있을 때는 경쟁이 이뤄지지 않는다. 상대와 겨뤄 우열을 가리는 환경이 되어야 경쟁이 된다. 그 힘이 바로 정보력이다.

그뿐만이 아니다. 자신을 주위와 비교하고 견주어 보았을 때 진정한 자신의 위치나 위상을 확인해 볼 수 있다. 자신의 모습은 거울을 보아야 알 수 있다. 그렇듯이 주변 환경을 통해 객관적으로 나를 바라보았을 때 비로소 나 자신을 제대로 알 게 된다.

 정보의 3대 요소

• 신속해야 한다.

정보의 생명은 기본적으로 남보다 먼저 아는 것이다. 모든 사람이 이미 다 알고 있는 내용은 정보가 아니다. 모든 사람들이 이미 다 파악하고 있는 사실은 일반적인 상식에 지나지 않는다. 정보를 갖기는커녕 이미 다 알려진 사실을 자신만 모른다고 치자. 그는 이미 경쟁에서 뒤져 있는 것과 같다. 정보는 실시간이나 시의時宜에 맞을 경우 가장 값어치가 있다.

• 정확해야 한다.

정보는 가능한 한 정확한 사실에 근접해 있어야 한다. 가상으로 지어낸 얘기나 추론으로 생산된 정보는 가치가 없다. 정확한 출처에서 얻어낸 내용이 정보가치가 있는 것이다. 그러나 때로는 중요한 협상이나 마케팅에서 심리전술을 위해 '역정보disinformation'를 활용하기도 한다. 이것은 관심의 방향을 다른 곳으로 유도하기 위해 고의적으로 내용을 구성하여 유포하는 것이다. 물론 이러한 역정보를 제대로 분석하여 판별하는 능력도 필요하다.

• 비밀스러워야 한다.

정보의 요체는 '비밀'이다. 정보는 그 내용이 일반화 되지 않고 필요한 집단이나 핵심그룹에게만 공유될 때 생명력이 있다. 모두에게 공개된 내용은 정보로서의 의미가 퇴색되는 셈이다. 첨단기술이 발달한 현대사회에서 기술개발과 같은 내용은 기업 최고의 비밀과 보안이 요구되는 가장 민감한 정보다. 기업이나 조직의 정보수집 역량은 첨예한 경쟁 환경에서 중요한 요소가 되고 있다.

　주위에서 보면 세상 돌아가는 일에 영 깜깜한 사람이 있다. 그런가 하면 시시콜콜한 내용까지 꿰차고 있는 사람도 있다. 그 아는 것을 왜곡해서 퍼트리거나 그것을 통해 남에게 피해를 주는 것이 아닌 이상 소소한 것이라도 알면 좋은 것이다. 인생을 살아가면서 가장 잘 아는 것은 오직 자기 자신에 대해서다. 다른 사람의 삶의 모습을 조금이라도 알기 위해서는 책을 읽거나 만나서 얘기를 나눠야 한다.

뭐든지 알고 싶어 하는 것은 인간의 본능이다. '모든 인간은 태어나면서부터 알고 싶어 한다', '인간은 모두가 지식욕에 근거하여 행동하게 되어 있다'라는 아리스토텔레스의 말도 있지 않은가? 알고 있되 모두에게 유익하고 좋은 것이든 나쁜 것이든 배움의 효과가 있는 것이면 된다. 모든 사람과 모든 일은 귀감龜鑑이 되거나 은감殷鑑이 될 수 있다. 모든 것은 배움의 대상이기에 지식 마인드, 정보 마인드는 절대적으로 필요하다.

잘못된 지식이나 정보는 오히려 무지보다 못하다고 할 수 있다. 또 허황된 정보나 어설픈 지식으로 교만해 하거나 일을 도모해서는 안 된다. 하지만 '모르는 게 약이다'라는 속담은 이제 요즘 세상과 맞지 않는다. 무지는 덕이 아니다. 페스탈로치는 이에 대해 이렇게 설명하고 있다.

"지식은 사람에게 필요한 무기이다. 그러나 무기를 잘못 쓰면 도리어 자신을 해치듯 지식도 진실의 뒷받침이 없으면 식자우환識字憂患과 같이 몸을 망치기 쉽다. 진정한 지식은 꾸밈새 없는 순진한 마음에서 솟아나는 것이다. 진실과 함께 있는 지식은 불행을 물리칠 수 있는 굳센 힘이 나온다."

군대의 지휘관에게 정보는 필수적이다. 그렇듯 한 조직의 경영자에

게도 조직의 내·외부에 대한 종합적인 정보를 파악하는 것이 매우 중요하다.

경영자는 많은 정보를 갖추고 있는 바탕 위에서만 올바른 판단과 의사결정을 내릴 수가 있다. 이를 위해서는 경영자 스스로가 정보 마인드를 가져야 한다. 또한 참모나 조직원들도 똑같은 자세를 갖도록 해야 한다. 경영자에게는 조직을 지휘하는데 필요로 하는 '기본정보소요 EEL·Essential Elements of Intelligence'가 있다. 그래서 이를 충족시킬 수 있는 공식 또는 비공식 커뮤니케이션 조직문화를 유지해야 한다.

조직의 고위층일수록 고급 정보를 수집하는 채널이 있기 마련이다. 하지만 일선 실무자나 관리자가 접하는 내용이 더욱 현실적인 가치가 있는 경우가 많다. 특히 인터넷 시대에는 더욱 그렇다. 실무자들이 조직의 경륜이나 연륜과 상관없이 세상이나 업계의 따끈따끈한 정보를 더 많이 습득할 수 있다.

기업이 시장에서 효과적으로 경쟁하기 위해서는 업계나 시장의 동향에 민감해야 한다. 그래야 시장의 주역인 고객의 가치를 파악할 수가 있다. 여기에서 필요한 것이 경쟁정보CI·Competitive Intelligence다. 경쟁정보가 강해야 조직이 성공할 수 있다.

CI란 기업 조직에서 다양한 의사결정을 내리는데 그 기반이 되는 시장의 경쟁 환경에 대한 지식과 통찰력을 의미한다. 조직은 CI를 통해 새로운 사업 기회를 포착하기도 하고 위험 요소리스크를 사전에 차단할 수도 있다. 이 뿐만 아니라 경쟁 상대의 움직임을 관찰하며 시장과 고객의 선호도를 예측하기도 한다. 이러한 정보는 결국 고객의 가치를 인정하는 자세이며 궁극적으로 기업의 경쟁력 확보를 가져다준다.

세상은 자신이 갖고 있는 정보만큼의 크기로 보인다. 우물 안에서 세상을 보면 손바닥만 해 보이고 널따란 들판에 나와 세상을 보면 우주처럼 보인다. 정보가 곧 생각의 넓이와 깊이를 형성하게 한다.

"눈을 감은 사람은 손이 미치는 곳까지가 그의 세계요, 무지한 사람은 그가 아는 것까지가 그의 세계요, 위대한 사람은 그의 비전이 미치는 곳까지가 그의 세계다." 이는 폴 하비가 한 말이다.

"지식에는 두 가지의 종류가 있다. 하나는 우리가 어떤 주제에 대해 직접 아는 것이고, 다른 하나는 정보나 지식이 있는 곳을 알고 있는 것이다." 새뮤얼 존슨의 말이다.

이것은 지식정보 그 자체를 '어떻게know-how' 습득할 것인가와 '어디에서know-where' 찾을 것인가를 일컫는 것이다.

성공하는 경영자는 정보 마인드가 몸에 배어 있다. 그 조직은 자연스럽게 위계별로 정보나 지식을 중요시 하는 조직문화가 생겨난다. 구체적으로 살펴보자. 조직의 경영자는 데이터를 모으는 기술과 이 데이터를 정보화할 수 있는 능력이 있어야 한다. 또 새로 얻어진 정보를 이용하여 문제를 해결하고, 새로운 사업을 구성하며 실행하는 정보통찰력을 가져야 한다. 그렇게 되면 그 조직은 경쟁력을 확보하게 된다.

오늘날과 같은 경쟁 체제에서는 조직의 구성원들이 대외적으로 CI 뿐만 아니라 내부 정보에도 민감해야 한다. 그래서 앞서가는 사람들은 스스로 정보를 개척한다. 그들은 누구를 만나도 인터넷을 검색해도 자료를 볼 때도 정보감각을 동원한다. 작은 조각의 정보도 모아 놓으면 훌륭한 자료가 되는 것이다. 그들은 한마디로 '정보민감증'에 걸려있다. 한시도 지식정보 탐구에 긴장의 끈을 놓지 않는다. 그래야 경쟁에 뒤처지지 않는다.

혹시 자신의 일에 대해서만 알고 주변의 상황은 자신과 상관없다는 식의 태도를 갖고 있는 사람이 있는가? 정보 안테나를 내리고 있는 조직인이라면 이미 경쟁이라는 경주에 출전할 자격조차 없다.

영국의 소설가이자 비평가이면서 저널리스트인 아더 쾨스틀러라는 사상가가 있다. 그는 한 시대를 풍운아처럼 살면서 넘치는 창의력으로 다방면에 걸쳐 40권에 가까운 저서를 냈다. 그가 말했다.

"무엇이든지 이해하고자 하는 욕망은 지적 호기심이다. 그것은 배고 픔이나 섹스와 같이 기본적인 충동에서 생겨난다. 그것이 바로 탐구욕이다."

현대를 살아가는 조직인이라면 정보와 지식의 탐구욕이 선택적이어서는 안 된다. 그것은 인간의 생리적 본능처럼 저절로 일어나야 한다. 그래야만 세상을 살아가는 지혜가 생기고, 비즈니스를 성장시키는 슬기를 터득할 수 있다. 새로운 시대 복합 경쟁 사회에서 승리하는 총명

예지聰明叡智를 얻게 된다.

미래학자 앨빈 토플러가 특별 초청을 받아 한국을 방문한 적이 있었다. 그는 강연에서 이렇게 강조했다.

"미래는 예측하는 것이 아니라 상상하는 것이다. 이제는 한국이 아니라 세계라는 시각에서 정보를 끊임없이 습득하라."

그는 정보와 지식이 얼마나 중요한지를 역설했다. 성공하는 사람은 토플러가 말하는 정보와 지식의 중요성을 직접 실천으로 보여주는 능력자다. 성공인이 그리는 큰 그림은 그칠 줄 모르는 지식욕과 정보에 대한 탐색 욕구에서 싹트는 폭넓은 안목과 통찰력에서 나온다. 그러면 입체적 사고를 통해 사물을 보는 혜안이 생기게 마련이다.

가장 많은 정보를 담고 있는 것은 각종 간행물이다. 수많은 신문과 잡지에는 매우 다양한 정보가 담겨 있다. 그래서 간행물은 가장 기본적인 정보수집의 원천이 될 수 있다. 요즘은 인터넷이 큰 몫을 한다.

세계 최대의 홍보컨설팅 회사인 에델만이 아시아 주요 10개국 정치, 기업, 경제 분야 지도자들에게 물었다.

"믿을만한 정보와 뉴스를 얻으려고 가장 먼저 찾는 매체는 무엇인가?"

이에 대해 필요한 정보를 얻는 가장 신뢰받는 소스source는 신문이라는 답변을 얻었다. 그 다음은 인터넷 매체였다. 세계 강국의 정보기관들은 모든 나라들의 신문이나 간행물을 속속들이 검색하고 있다. 이 과정을 통해 정보를 수집하고 효율적으로 종합 정리하여 상대국을 훤히 꿰차게 된다.

앨빈 토플러의 미래를 보는 혜안도 많은 정보를 기반하고 있다. 그는 단순한 지식보다 깊은 정보를 얻기 위해 '독서기계'가 되었고 '신문 중독자'가 되었다. 그는 심지어 화장실에서도 책을 놓지 않았다. 손끝이 새까매질 정도로 신문을 열심히, 그리고 꼼꼼히 보는 것이 그의 평생 습관이었다. 그래서 그는 99%의 과거 및 현재의 경험과 지식과 정보를 통해 1%의 미지, 우리가 체험하지 않은 세상을 먼저 그려내는 미래학자가 되었다.

바꿔 말하면 미래학자는 보통 사람은 알지 못하는 1%의 미래 세상을 99%의 확실성으로 말해 주는 선견자라고 할 수 있다. 99%를 꿰뚫어 보는 예리한 통찰력을 통해 단 1%의 미래를 알아내는 것이다. 이는 바로 지식정보의 위력이다.

2007년 〈세계여성포럼〉이 서울에서 열렸을 때다. 앨빈 토플러는 이 자리에 참석해 한국의 여성 지도자들에게 '지식기반 경제를 이끌어 가는 것은 '근육의 힘'이 아니라 '두뇌의 힘'이다'라고 강조했다. 그가 덧붙였다.

"국내 소식만 읽지 말고 해외에서 일어나는 일에 관한 정보도 부지런히 습득하십시오. 나는 일본 요미우리 신문의 영어판을 매일 읽습니다. 그것은 《뉴욕타임스》와는 전혀 다른 시선으로 세상을 보고 분석한 글들을 만날 수 있어서입니다."

시대가 바뀌면서 정보의 개념도 진화하는 듯하다. 미국에서는 '세부적이고 자세한 실용 정보'라는 의미로 '그래뉼래러티granularity'라는 용어를 사용한다. 그것은 전래적으로 쓰여 오던 '인포메이션information'이나 '인텔리전스intelligence'가 아닌 과학용어에서 따온 것이다. 이 말은 원래 천문학과 물리학에서 주로 쓰이던 용어다. 사진의 선명도를 묘사하기 위해 제공되는 세밀한 정보의 양을 말할 때 사용된다. 요즘 와서 구체적이고 현장감과 체감이 높은 정보라는 새로운 의미로 생겨났다. 특히 기업계나 정계에서 널리 쓰이고 있는 이 말은 바로 일반 사회에서 정보의 사회적 가치를 나타내 주는 추세를 반영한다.

미국의 《타임》지가 선정한 세계를 움직이는 최고의 사업가이자 《포춘》지가 선정한 세계 10대 영향력 있는 재벌인 홍콩의 리자청李嘉誠. 그에게 성공의 비결을 물으면 언제나 "지식이 운명을 바꾼다"라는 한마디 말로 대신한다.

넓은 세상으로 가는 네트워킹

지금은 네트워크의 시대다. 전에 세계적인 베스트셀러 두 개가 있었다. 바로 『링크』와 『커넥티드』다. 모두 네트워크 사회를 다룬 책들이다. 우리의 사회생활이나 경제활동이 서로 얽히고설킨 가운데 돌아가는 양상을 담은 책들이다.

우리가 흔히 사람관계를 가리켜 '한 다리만 거치면 다 연결 된다'라는 말을 한다. 그만큼 세상은 좁다. 모두가 결국 이렇게 저렇게 상호작용을 하며 연결되어 있는 것이다. 실제로 한국 사람은 평균 3.6명만 거치면 다 아는 사이라는 조사결과도 있다.

긴밀한 네트워크 환경 가운데 21세기는 모든 분야에서 전문가를 요구하고 있다. 각 분야마다 업무 영역이 세분화·전문화되면서 스페셜리스트specialist가 필요하게 되었다. 이런 시대 흐름 속에서도 우리나라의 공직사회는 순환보직을 통해 행정의 전문가를 키운다.

어떻게 보면 제너럴리스트generalist가 되다 보니 전문성이 요구되는 오늘날에는 경쟁력의 한계를 가질 수도 있다. 국가기관의 수요자인 주민의 요구needs도 첨예해지고 있다. 그에 비해 공공 서비스를 제공해야 하는 공직자들의 상황은 어떤가? 특정 분야에 대해 깊이 있는 지식과 전문적인 노하우를 갖추기가 쉽지 않게 되었다.

현대사회에서는 기업이나 개인을 막론하고 전문가 네트워크를 구축하는 일이 필요하다. 이것이 경쟁력을 확보하는데 가장 중요한 요소 중하나이기 때문이다. 특히 제너럴리스트인 공직자들은 각 분야의 전문성을 보완하기 위해 외부의 전문가들과 협력망을 유지하는 것이 필수적이다. 행정의 전문가로서 공직자들은 분야별 전문가 그룹과 네트워크를 확보하고 있는 것이 곧 경쟁력이 된다.

기업 조직의 구성원도 마찬가지다. 민간 분야의 경쟁이 어제 다르고 오늘 다를 정도로 더욱 치열해지고 있다. 하나의 세계도시가 되어버린지금 국제무대는 거의 실시간으로 상황이 돌아가고 있다. 세계의 첨단문명이 급물살을 탔다.

이런 긴장된 환경의 활동 분야에서는 독보적인 가치를 확보하는 것이 요긴하다. 그러려면 전문가의 수준을 뛰어넘는 슈퍼프로

superprofessional가 되어야 한다. 말하자면 객관적으로 인정을 받는 일이거나 조직생활과 관련이 있는 능력이다. 자기 분야의 전문성을 가지면서 자기만의 색깔을 갖는 특징적인 능력을 구비하는 것이 중요하다. 아니면 개인적인 면모를 돋보이게 하는 차별화된 특기도 좋다.

요즘 시대는 직장의 보장이 없고 기업의 구조조정이 보편화되어 있다. 개인들이 너도나도 창업에 나서는 추세다. 현재 한국의 자영업 비율은 28.8%로 OECD 평균 15.9%의 거의 2배, 일본의 12.3%에 비하면 2.5배에 달한다. 이 변화무쌍한 사회 환경을 이겨 나가기 위해서는 전문적·사회적 네트워크를 강화하는 것이 절대 필요하다.

네트워크는 경쟁시대에 자신들의 가치를 널리 홍보하는 채널이다. 또한 자신에게 필요한 유능한 인적 자원을 발굴하거나 알찬 사업 정보를 얻는 중요한 수단이 된다.

현대사회의 구조나 조직의 체계가 복합해진 환경에서는 보다 실질적인 커뮤니케이션이 필요하다. 커뮤니케이션은 단순한 의견 교환이 아니다. 새로운 아이디어를 찾거나 문제의 해법을 찾을 수 있는 통로다. 이것은 네트워킹을 통해서 이루어진다.

그래서 사람들은 같은 기술이나 같은 관심사를 갖고 있는 그룹과의 네트워크를 갈망한다. 나아가 전혀 다른 분야와 네트워크를 형성하려 한다. 이것이 바로 전문적 인맥의 법칙이 된다. 생산적인 상호교류라고 할 수 있다. 우리는 이것을 지식과 철학의 '상호수분작용cross-pollination'이라고 한다.

　지금은 책상에만 앉아 주변과 고립되어 자신의 일만 잘 처리하는 게 능사가 아니다. 그런 부류의 사람들은 더 이상 경쟁력을 기대할 수 없고 성공할 수가 없다. 이제는 단순한 친분 유대가 아니라 아이디어와 지식을 찾으려는 '목적성 관계'를 구축하도록 해야 한다. 이러한 아이디어가 생성되는 네트워크는 커뮤니케이션의 단계를 뛰어넘는다.

　요즘은 전통적인 관념의 네트워크를 넘어 '네트월딩networlding'의 개념으로 발전했다. 네트월딩이란 공통의 관점, 가치관, 목표를 발견하고 개발하여 나를 비롯한 모든 사람들에게 변화를 일으키는 개념이다. 네트월딩은 삶과 경력을 발전시키고, 급변하는 환경을 따라잡게 하는 신선한 비전을 제공해 준다.

　경영이론가들은 1980년대 후반에서 1990년대 초에 이르면서 새로운 것을 찾아냈다. 네트워킹, 즉 관계 유지에 탁월한 사람들이 훨씬 좋은 성과를 낼 수 있다는 연구결과를 얻어냈다.

　하버드경영대학원의 존 코터 교수는 '유능한 사람은 자기 시간의 80% 이상을 네트워크 구축과 관리에 쏟아 붓는다'는 것을 발견했다. 가정이나 기업, 어떤 조직이든 한 개인의 뛰어난 능력 하나가 대수가 아니다. 단체에서는 감성적인 소통과 공동체 의식이 더 중요하다. 그래야 개인도 성공하고 조직도 성공을 거둘 수 있다.

　축구를 예로 들어 보자. 경기장에서 선수들끼리 서로 호흡을 잘 맞

취 교감을 해가며 세트 플레이를 하는 팀이 있다. 그리고 선수 개개인의 기량은 뛰어나지만 운동장에서 서로 뜻이 맞지 않는 팀이 있다고 하자. 누가 이길 수 있는가는 명확하다. 중뿔난 한 사람보다 우직한 열 사람이 백번 낫다.

경영의 논리도 똑같다. 어느 한 조직의 역량은 개인적인 전문성과 다양한 네트워크에서 시작된다. 연결된 출처에서 직·간접으로 얻어지는 지식이나 정보, 그리고 환류되는 의견들이 바탕을 이루게 된다. 인력관리 전문가인 키로프스키는 아인슈타인의 '상대성 원리'를 요약한 공식을 빌려 다음과 같이 정리하고 있다. 그는 유명한 축구선수와 코치를 거쳐 기업의 경영자가 된 사람이다.

 E = MC²

- M(Mastery) : 전문가의 개별적 능력과 노하우(인간적 자본)
- C(Connections) : 네트워크로 연결된 외부 환경(사회적 자본)
- C(Communication) : 외부환경과 소통하고 교류하는 채널
- E(Effectiveness) : 조직의 총체적인 역량과 효율적 생산성

자신이 갖는 네트워크의 힘은 바로 지식이 교류하고 정보가 공유되는 데에 있다. 어떻게 보면 능력 있는 사람들에게 폐쇄성이나 개인주의는 가장 빠지기 쉬운 함정이다. 진정 성공인이 되고자 하는가? 그렇다면 이런 것에서 탈피해 자신들의 위치에서 세상을 넓은 안목으로 보도

록 하라. 바로 앞의 둔덕만 보지 말고 그 너머 지평선을 보라.

『링크』의 저자인 네트워크 이론가 바라바시 미 노스이스턴대 물리학과 교수는 인간관계 중에서도 스마트폰을 통한 네트워크를 강조한다. 현대인이 일상적으로 사용하는 스마트폰의 통화자가 가장 긴밀한 인간관계를 보여준다는 것이다. 누가 누구를 알고, 누구와 친하게 지내는가를 대변할 수 있는 것이 바로 휴대폰 네트워크다.

여기에다 요즘은 소셜네트워크서비스 즉 SNS가 인간관계를 맺는 주요 수단이 되고 있다. SNS는 '1인 미디어'로서 다양한 친구를 만들 수 있어 소통의 폭을 얼마든지 넓힐 수 있다는 게 장점이다.

스마트폰에는 흥미로운 점이 있다. 이 모바일 네트워크에는 두 가지 측면, 즉 '약한 유대weak tie'와 '강한 유대strong tie'가 있다. 그중에서 약한 유대가 더 큰 효과가 있다고 한다.

하버드대 그래노베터 교수는 사람들이 어떻게 구직을 하게 되었는지 설문조사를 했다. 놀랍게도 다수 응답자들은 '평소에 친하게 지내는 사람보다 어쩌다 한번 만나는 사람들이 구직에 도움이 됐다'라고 답했다. 평소에 자주 만나는 강한 유대관계보다 자주 보지 못하는 약한 유대관계에 있는 사람들이 더 힘이 되었다는 얘기다. 그것은 강한 유대를 갖는 사람은 평소에 같이 지내는 시간이 많아 친하긴 해도 정보획득 면에서는 도움이 안 된다는 것을 나타낸다. 서로 가지고 있는 정보량이 뻔하기 때문이다.

반면 약한 유대관계에 있는 사람은 듣지 못한 새로운 정보를 갖고 있을 가능성이 높다. 이는 마케팅에도 그대로 적용된다. 약한 유대의 사람들에게 마케팅을 하게 되면 네트워크를 통해 더 효과적으로 고객을 넓혀갈 수 있다. 고객 시장의 범위를 훨씬 더 넓혀나갈 수 있다.

단순한 선택과 집중의 아름다움

마음먹은 일을 완벽하게 해내려고 하는 것은 인지상정이다. 그렇게 하려면 설정된 목표를 달성하려고 할 때 노력의 방향과 강도를 잘 결정해야 한다. 곧 주어진 여건에서 어디에 노력을 집중해야 할지를 판단해야 한다.

우리가 핵심역량을 중시하는 것은 바로 그것이 목표 달성에 결정적인 역할을 하기 때문이다. 어떤 일을 수행하려면 여러 가지 기능과 역할이 필요하다. 어느 것 하나 소홀히 할 수 없으며 신경을 쓰지 않을 수 없다.

매사 세세한 모든 부분까지 전력을 쏟아 붓기란 쉽지 않다. 모든 열정과 노력을 단기간 내 투입하다 보면 쉽게 지칠 수밖에 없다. 일이란 단거리 달리기처럼 단숨에 끝나는 것도 있지만 때로는 먼 거리를 달려야 하는 마라톤 경주처럼 시간과 과정을 요하는 것도 있다.

체력과 정신력을 바로 코앞만 내다보고 함부로 소모해서는 안 된다. 성공하는 사람일수록 자신의 신체적, 물리적 자산을 잘 관리하고 조절해나간다. 덜 중요한 일에는 힘을 효율적으로 아끼고 핵심적인 일에는 노력을 집중한다. 그것이 일을 이루는 경영술이다. 이 기술을 운용하는 사람은 바로 자신이다.

미국의 전설적인 투자가이며 버크셔 해서웨이의《포브스》지가 선정한 세계 갑부 순위 2위인 워렌 버핏 회장이 있다. 그가 그 큰 수익을 낼 수 있었던 비결에 대해 이렇게 말한다.

"나는 경영을 할 때 언제나 중요한 것에 집중하고 사소한 것에는 관심을 끕니다."

그의 말대로 그가 성공을 할 수 있었던 것은 중요한 것에 노력을 집중했기 때문이다. 대신 힘을 분산시키는 일에는 신경을 기울이지 않는 체질을 길렀다.

세상일이란 복잡함과 낭비를 필연적으로 갖고 있기 마련이다. 이 두 가지 요소는 서로가 통하여 상승효과를 내는 속성이 있다. 이런데다 노력이 가해지면 오히려 일은 더욱 복잡해지고, 그럴수록 낭비가 더 심해지게 되어 있다. 인생을 살면서 부딪치는 일이 크면 클수록 그것을 단순하게 접근하는 것이 실마리를 푸는 데 유리하다. 복잡한 일을 복잡하게 바라보면 일은 더욱 얽히고설키게 된다.

성공하는 사람은 일의 무게가 늘어나면 구조적인 단순화를 통해 그

질량을 줄이는 능력을 발휘한다. 사람이 할 수 있는 일은 분명 한계가 있다. 내가 갖고 있는 시간이나 에너지는 한정되어 있는 것이다.

어떤 사람은 그런 자원이 화수분처럼 무한정하다고 여긴다. 그것은 단지 욕심일 뿐이다. 스스로를 모르는 것이다. 자신을 제대로 파악하지 못하면서 바깥일을 해나간다는 것은 어불성설이다. 인간에게 있어 욕심은 언젠가는 화를 부른다. 성경에도 '욕심이 잉태한즉 죄를 낳고 죄가 장성한즉 사망을 낳느니라'라는 구절이 있다. 우리는 그런 경우를 수없이 본다.

처음에는 많은 일이 성과가 나는 듯해도 시간이 지난 후에는 허덕이게 된다. 된다 하더라도 어느 순간 공허감에 사로잡히게 된다. 그것은 인간의 보편적 습성인 '쾌락의 쳇바퀴' 현상 때문이다.

오로지 일에 모든 것을 다 바치고 무엇을 얻는다고 해서 그것이 곧 행복이라는 등식은 성립되지 않는다. 인생을 살아가는 관점의 문제이고 가치의 문제다. 모든 것을 다 희생하여 바라던 목표를 얻게 되면 그만큼 인생의 길이가 늘어난다면 그럴 필요가 있다. 하지만 한번 흘러가며 우리에게 주어지는 '시간'이라는 축복은 마음대로 연장되지 않는다.

중요한 것은 '내가 해야 할 일'과 '내가 살아가야 할 의미'와의 균형점을 찾는 것이다. 이는 곧 삶의 균형이며 성공적인 인생을 만든다.

독일의 문호 괴테가 말했다.

"가장 중요한 일이 가장 중요하지 않은 일들에 밀려나서는 안 된다."

미국의 사상가 헨리 데이비드 소로는 또 이렇게 덧붙인다.

"바쁘게 움직이는 것만으로는 부족하다. 개미들도 늘 바쁘지 않은가. 정말 중요한 것은 무엇 때문에 바삐 움직이는가다."

인생도 하나의 경영이다. 어떻게 보면 그것은 기업의 경영보다도 더 어려운 과제일 수 있다. 기업의 경영이야 하다 안 되면 몇 번이고 다시 할 수가 있다. 하지만 인생의 경영은 단 한번 뿐이다.

그렇기 때문에 '무엇이 더 중요'하고 '무엇을 더 먼저' 해야 하는가를 선별하는 결정의 힘이 필요하다. 복마전 같은 세상살이에서 일을 단순화시켜야 복잡한 문제의 돌파구를 쉽게 찾을 수 있다. 그것이 바로 인생 경영의 핵심역량이다. 이 핵심역량이란 복잡한 것을 간단히 하고 혼란스러운 상태를 깔끔히 정리하여 생산성을 극대화시키는 것이다. 복잡할수록 단순하게 정리하는 것의 힘은 매우 크다.

우리의 인생에서 정말 가치 있고 중요한 것이 무엇인가를 생각하여 이를 구분해 보는 자세가 중요하다. 무엇이 우선이고, 또 중요한 것을 위해 복잡한 곁가지를 쳐낼 수 있는 능력이 바로 경쟁력이다. 이런 경쟁력은 저절로 길러지는 것이 아니다. 평소 꾸준한 노력을 통해 습관화되어 있어야 복잡한 상황이 발생할 때 해법의 지혜가 번뜩이게 된다.

사람에게는 두 부류가 있다. 간단한 일을 복잡하게 생각하고 어렵게 접근하는 스타일과 복잡한 일을 잘 정리하여 쉽게 처리하는 스타일이다. 그 두 부류의 사람 중에서 누가 더 경쟁의 우위에 있을 것인가는 말할 것도 없다. 우리가 조직에서 '일을 잘 한다'라든가 '업무를 잘 처리한다'라고 할 때는 복잡하고 어려운 일에 맥을 잡아 척척 해결해 나가는 것을 뜻한다. 까다롭게 꼬여 있는 일을 실타래 풀 듯 매끄럽게 펴 나간다는 의미다. 한마디로 심플하게 일을 갈무리하는 거다.

'아이젠하워 법칙'이라는 것이 있다. 어지럽기만한 상태를 간단하게 정리정돈해 주는 방법을 말한다. 아이젠하워는 지상 최대의 작전으로 가장 어려웠던 노르망디 상륙작전을 단순하게 접근하여 2차 세계대전을 성공으로 이끈 명장이다.

그는 대통령이 된 후에도 항상 복잡한 일을 단순화시켜 소기의 목적을 달성시켜 가장 훌륭한 대통령으로 존경받았다. 그는 자신의 일을 늘 네 가지로 분류하고 처리했다. 버릴 것, 지시할 것, 도움 받을 것, 당장 실행할 것, 이 '4등분의 원칙'을 엄격히 지킴으로써 항상 일의 처리가 깔끔했다. 꼭 해야 할 일과 아닌 일, 본인이 직접 할 일과 참모나 보좌진에게 맡기는 등 주위에 도움을 얻을 일, 지시할 일과 중재하고 조정할 일 등을 철저히 구분했다.

그는 언제나 상큼하게 새로운 일을 할 수 있는 여유와 힘을 갖고 있었다. 그 이래 미국의 여러 대통령들이 복잡한 집무를 단순하게 하는 데 활용해온 원칙이라고 해서 그렇게 이름을 붙였다.

'멀티태스킹multitasking'이라는 말이 있다. '동시에 여러 개의 과업을 수행하는 것'이라는 의미로 원래는 컴퓨터 용어로 쓰였다. 하지만 사람이 하는 일에서 멀티태스킹은 시간과 에너지의 분산을 초래할 수 있다. 오히려 '포커싱focusing·집중화'이 더 중요하다.

아이젠하워의 단순화법칙은 그야말로 간단명료하다. 일을 집중화시키는 것이다. 그는 기본적으로 감성적인 조절능력과 유연성이 뛰어났다. 대통령학의 권위자인 프레드 그린슈타인은 '아이젠하워는 탁월한 정서적 집중력을 지녔다'고 평가했다. 정서적 집중력은 아무리 복잡한 상황일지라도 그것을 단순화시킬 수 있는 능력을 말한다. 오늘날에도 그는 미국 최고의 대통령으로 꼽힌다.

개인 생활에서도 단순화가 필요하다. 목회자이면서 저널리스트인 베르너 티키 퀴스텐마허가 지은 『단순하게 살아라』라는 책에 보면 행복하게 사는 방법으로 '단순화 7단계'를 제시하고 있다.

🔍 단순화 7단계

1단계 : 물건을 단순화시켜라

2단계 : 재정 상태를 단순화시켜라

3단계 : 시간을 단순화시켜라

4단계 : 건강을 단순화시켜라

5단계 : 관계를 단순화시켜라

6단계 : 배우자의 관계를 단순화시켜라

7단계 : 자신을 단순화시켜라

'80:20 파레토 원칙'이 있다. '일반적으로 어떤 현상의 80%는 20%의 원인에 의하여 발생한다'라는 구조를 설명한 것이다. 이태리 사회경제학자 빌프레도 파레토는 우연히 두 가지를 관찰하다가 그 속에서 공통점을 찾아냈다.

한번은 우연히 땅을 보다가 개미떼들이 이동하는 것을 목격했다. 그런데 유심히 보니 먹이를 물고 가면서 열심히 일하는 개미들은 약 20%뿐이었다. 나머지 80%는 건들건들 따라가기만 했다. 흥미가 발동한 그는 일을 잘하는 20%만 따로 갈라놓아 보았다. 처음에는 모두 열심히 일하더니 곧 그중 80%가 다시 놀기 시작했다. 일을 안 하던 80% 집단에서도 곧 일하는 개미와 노는 개미가 20:80 비율로 갈렸다.

또 어느 날 자신의 정원에서 키우던 완두 식물의 20%에서 80%의 건강한 완두콩이 나오는 것을 발견하게 되었다. 나아가 이태리 국민의 20%가 전체 국가 재산의 80%를 소유하고 있다는 사실을 알게 됐다. 여기서 그 유명한 파레토의 80:20의 법칙이 탄생했다. 그 후 수많은 연구 사례를 통해 '80%의 결과는 단 20%의 활동으로부터 온다'라는 경영이론으로 정착됐다. 지금 이 법칙은 여러 상황에서 통용되고 있다.

일을 간단하게 하는 방법으로는 계량적으로 80:20의 비율을 적용해보는 것이 좋다. 모든 일에 있어 20%의 중요한 일을 먼저 생각해 보는 노력부터 시작해보라. 우선 스스로에게 끊임없이 이렇게 물어보라.

'80%의 효과를 낼 수 있는 20%의 중요한 일이 무엇인가?'

여기에 대해 즉흥적으로 그 결론을 내리려 하지 말아야 한다. 시간을 갖고 꾸준하게 그 방향으로 나침반을 맞추어 창의적으로 생각해보도록 하라. 그런 과정을 통해 찾아낸 20%의 중요한 일은 자기 생활에서 80%의 보람과 의미를 주게 되어 있다.

요즘 같은 경쟁력 사회에서 '80:20 생각하기'를 실천해보라. 그것은 당신에게 참다운 성공과 행복을 가져다주는 행동양식이 된다.

우리가 해외여행을 나가면 오랜 시간 비행기를 탄다. 세계에서 가장 긴 논스톱 비행거리는 싱가포르-뉴욕 노선이다. 그 구간은 자그마치 9,529마일로 최신 기종인 에어버스 A340-500기로 19시간이 걸린다. 이 긴 시간을 비행하는 조종사가 가장 핵심적으로 긴장하고 정신을 집중하는 순간은 이륙 4분, 착륙 7분의 '크리티컬결정적 11분'이다. 이 순간을 잘 관리하면 나머지 긴 시간은 비교적 여유를 가지고 안전하게 운항을 하게 된다. 여기에도 파레토 원칙은 적용된다. 이렇듯 중요한 것에 대한 집중이 전체에 큰 영향을 주는 80:20의 비율을 나타낸다.

80:20 파레토 원칙은 '중요한 소수'가 '중요하지 않은 다수'에게 결정적인 영향을 끼친다는 개념이기도 하다. 그 소수에 대해 모든 노력을 집중하는 것이 값어치가 있다는 논리다. 이것은 인생을 바꾸는 법칙이기도 하다.

조직의 활동에서 이 원칙은 다음과 같이 적용될 수 있다.

80:20 파레토 원칙

- 조직의 80% 산출은 20%의 투입으로부터 결정된다.

- 조직의 80% 결과는 20%의 원인으로부터 비롯된다.

- 조직의 80% 결실은 20%의 노력으로부터 맺어진다.

- 조직의 80% 가치는 20%의 인력으로부터 창출된다.

- 조직의 80% 수입은 20%의 고객으로부터 얻어진다.

- 조직의 80% 성장은 20%의 사업으로부터 이룩된다.

우리 국민 모두가 숭배하는 성웅 이순신 장군. 우리는 그를 창의력이 뛰어났던 명장으로 부른다. 그는 바로 임진왜란 중 각 해전에서 80:20 원칙을 실천하여 공을 세웠다. 그는 왜적의 수군과 싸우기 위해 단 3척의 '거북선龜船'을 만드는 데 온 힘과 정열을 쏟았다. 당시 조선 수군이 주력 함선으로 보유하고 있던 수백 척의 판옥선을 두고도 말이다. 그가 겨우 3척의 거북선을 만드는데 투입한 20%의 집중된 노력, 그것이 결국 80% 전승의 결과를 낳은 것이다.

80:20 원칙이 조선 수군이 완승할 수 있는 기초 원리가 된 것이다. 개인이나 조직의 활동에서 80:20 원칙을 적용하는 것은 효과적이다. 가장 적은 자원과 노력을 투입하여 가장 큰 가치와 수익을 만들어낼 수 있기 때문이다. 이것은 바로 '선택과 집중'의 원리다.

경쟁이란 게임은 이기는 데에 목적이 있다. 당연히 1등을 추구하게 된다. 어느 누가 경쟁이라는 레이스에서 1등을 원치 않겠는가? 모두가 산술적인 개념으로 '1등' 혹은 '최고'를 목표로 한다.

하지만 오로지 하나밖에 존재하지 않는 1등만을 추구하는 것은 냉정히 보면 비효율적이다. 어차피 한 사람에게만 주어지는 것이니 말이다. 모든 사람이, 모든 조직이 '1등이 되자!'라는 목표를 세운다. 물론 목표는 클수록 좋다. 하지만 거기에 쏟아붓는 재원이나 자원이 얼마나 밑 빠진 독에 물붓기식으로 허비되고 있을까 생각해 보라. 결국 1등은 하나밖에 될 수 없는 경쟁에서 말이다.

1등의 고지를 달성하였다고 해서 그 자리가 영원히 지켜지는 것도 아니다. 1등은 언젠가 그 자리를 내어 줄 때가 있다. 그것은 스스로 1등을 만들어냈던 열정이나 기력이 소진돼서일 수도 있다. 아니면 우리를 둘러싸고 있는 사회문화체계, 곧 환경이 변해서일 수도 있다. 어떤 이유이든지 간에 영원한 1등이란 없다. 그런데도 왜 개인이나 조직은 지속적이지도 않을 뿐만 아니라 하나밖에 존재하지 않는 1등을 향해 매진하는지 알 수 없다. 그 노력을 좀 더 잘 조준된 목표를 향해 쏟았더라면 안정적이고 지속 가능한 효과를 거둬들였을 수도 있을 텐데 말이다.

'좀 더 잘 조준된 목표'란 1등이라는 최고의 위치만을 고집하는 게 아니다. 주어진 여건 내에서 나만이 이룩할 수 있는 차별화된 최적의 상황을 의미한다. 모든 개인이나 조직은 각자 해낼 수 있는 역량이나 분량의 크기가 다르다. 그 주어진 역량이나 분량을 넘어서는 목표를 설정하여 그것을 달성하겠다고 하는 것은 산에 가서 고기를 잡으려 하는 이치와 같다.

최고가 아닌 최적의 선택

'최적'이란 목표는 순위와 상관이 없다. 최적화를 이룬다는 것은 나만의 능력, 나만의 가치를 만들어 내기 때문에 순위를 매길 수가 없다.

모든 사람은 각자의 나름대로 특출난 잠재력을 갖고 있다. 그에 적합한 능력을 개발하여 독자적인 위상을 확보하면 그것이 차별화가 된다. 그게 관건이다. 차별화된 능력은 그 자체로서 경쟁력이 되며 경쟁이라는 치열한 레이스를 펼칠 이유도 없다.

학업에 관심 없는 아이를 공부로 1등을 시켜보겠다고 아무리 채근한들 그것은 헛수고다. 학업에 관심이 없는 만큼 아이가 즐겨 하려고 하는 다른 것에 열중하도록 해보라. 그 아이는 공부가 아닌 다른 분야에서 탁월함을 나타내 보일 수 있다.

세상을 빛낸 과학자나 발명가나 사업가 등 거의 모든 위인들은 하나

같이 공부로 1등을 한 사람이 거의 없다. 학교를 중퇴했거나 공부가 꼴찌라서 그저 자기가 좋아하는 것을 파고들은 사람들이다. 그런데 그들이 다 인류문명을 이루어냈다. 세계 최고의 석학 아인슈타인은 일곱 살 때 겨우 글을 깨우치기 시작한 늦둥이였다. 베토벤은 음악 교사로부터 음악에 전혀 소질 없는 아이로 낙인이 찍혔다. 발명왕 토머스 에디슨의 담임은 그를 이처럼 멍청한 아이는 처음이라고 했다. 영국인들로부터 가장 존경받는 인물인 윈스턴 처칠은 6학년을 두 번 다닌 학습 지진아였다.

그러나 이 사람들은 최악의 환경을 극복하고 자신의 분야에서 혁혁한 업적을 남겼다. 이들은 주위의 혹평을 오히려 자극제 삼아 자신들의 잠재된 능력을 깨워내 성공을 이룬 것이다.

그래서 진정한 경쟁력이란 '최고'가 아니라 '최적'이 되는 것Be Optimal, Not Top·BONT이다. 그것을 'BONT' 원리라고 한다. 그것은 1등, 2등과 같은 서열이 아니라 무순위의 0등이다. 0등만큼 안정적이며 확실한 것은 없다. 그것은 비교할 대상이 존재하지 않는 나만의 유일한 가치이기 때문이다.

우리 사회의 모든 문제는 '1등주의'에서 비롯된다. 그 하나밖에 없는 1등을 위해 맹목적으로 뛰고 달리고 야단들이다. 자연히 1%의 1등외에 99%는 1등이라는 찬란한 월계관을 쓰지 못한다. 그리고 만족하지 못해 또 하나의 1등을 차지하려고 격렬한 투쟁에 나선다. 낙타가 바늘구멍을 통과해야 하는 1등을 말이다.

성공하려면 생각을 바꾸어야 한다. 세상은 1등한 자의 것만이 아니다. 100등이 자기 분야에서 독보적인 1등이 될 수도 있다.

우선 자신의 위치에서 가장 적합하고 적절한 목표가 무엇인지를 찾아 나서라. 나만이 갖는 0순위 경쟁력의 차별성을 만들어 가라. 그것이 순위라는 관념으로 보면 결코 1등이 아닐 테지만 나만이 지니고 있는 차별화된 능력이다.

최근의 블루오션 개념은 자기만의 차별화된 무순위 영역을 말한다. 등수로 결정되는 레드오션의 영역에서는 1등의 가치만이 승자가 되는 냉혹한 세계다. 거기에서는 오로지 이긴 자만이 최고로 등극하는 승자독식의 냉정한 법칙이 지배한다.

이제는 최고가 되기 위해서보다 최적이 되기 위해 모든 노력을 투입하는 것이 생산적이며 효과적이다. 순위를 중시하는 레드오션 경쟁에서 하위에 머물러 있으면서 최고를 외치기보다는 블루오션의 최적을 찾아내는 것이 훨씬 효율적이다.

결국 'BONT'는 진정한 승리를 의미한다. 그것은 남을 앞서가는 전략이다. 경쟁자를 '리드LEAD' 곧 이끌어 나가는 전술이다. 이 리드라는 말 속에는 BONT의 정신이 함축되어 있다.

 리드LEAD

- **L**earn 자기계발 : 꾸준히 배우고 익히며 지식정보기반 사회에 적응한다.

- **E**xperiment 도전의식 : 새로운 것을 찾아내며 현재를 혁신하여 미래를 개척

한다.

- Adapt 변화경영 : 급속한 사회문화체계의 변화를 주도적으로 수용하며 적응
한다.

- Differentiate 차별화 경쟁력 : 글로벌 초경쟁 환경에서 블루오션의 경쟁력을
확보한다.

리드의 최종 목표는 싸우지 않고 이기는 승리의 기술이다. 절대적 최고가 되려는 것보다 상대적 최적이 되는 것이다. BONT는 무한경쟁의 시대에 '창의적으로 성공하는 길'이다.

아무리 역량 있는 사람이라 하더라도 모든 분야에 걸쳐 다 최고가 될 수는 없다. 인간의 기본적인 구조는 모든 분야에 특출나게 되어 있지 않기 때문이다. 사람에게는 다양한 지능이 있다. 그래서 모든 사람은 세상에 태어날 때부터 남과 다른 자기만의 특기가 있다. 단지 그것을 발견하지 못해서다.

자신에게 잠재되어 있는 특정한 지능을 잘 개발하면 그 분야의 최고가 될 수 있다. 그래서 예술에 재능을 보이는 사람이 있는가 하면 스포츠에 뛰어난 사람이 있고, 학문에 특출한 사람도 있으며 사업에 걸출한 사람도 있다.

기업에서 'SWOT분석'이라는 것이 있다. 기업이 갖추고 있는 강점과 약점, 또 기회와 위기를 종합적으로 분석하여 대안을 찾는 것이다. 그러면 어디에서 성과를 내기가 상대적으로 쉽고 경쟁력을 가질 수 있는지를 파악할 수가 있다. 그리고 나서 어디에, 어떻게 역량을 쏟아 부을 것인가에 대한 방향을 잡는다.

『좋은 기업을 넘어 위대한 기업으로Good to Great』의 저자로 널리 알려진 짐 콜린스는 '위대한 기업은 자신이 열정을 가지고 있고 잘 해낼 수 있는 분야, 분명한 수익 창출이 가능한 사업에 집중하게 된다'라고 했다. 그것은 기업이 차별화하여 시장에서 승리하는 비결이다. 개인에게도 SWOT분석 기법을 적용해보라. 자신의 여건과 환경은 따져보지 않고 경쟁자의 달콤한 승리만을 쳐다보지 말라.

이기기 위해서는 벤치마킹도 적극 활용해야 한다. 벤치마킹은 단순히 무엇을 비교하고 모방하는 것이 아니다. 그것은 어떻게 보면 남이 하지 않는 것을 발굴해 내려는 차별적인 시도다.

기업에서는 경쟁 상품이나, 서비스나, 운영방식을 파악하여 그보다 더 발전된 자기 회사만의 독특한 패턴을 만들어 내려는 노력이다. 개인적으로는 다른 사람의 생각, 느낌, 행동, 정서, 언어를 살펴보며 그보다는 더 품격 있게 하겠다는 의식이다. 그런 자신만의 차별화를 유지하여 치열한 경쟁의 굴레를 벗어나려면 벤치마킹은 지속적으로 이루어져야 한다.

성공하는 사람들은 먼저 자기 자신을 살펴보는 자세가 되어 있다.

그리고 자신의 강점과 한계를 분명히 알고 그에 부합하는 태도를 취한다. 스스로 자신감이 있는 분야를 알기에 거기에다 중점을 둔다. 그곳에서 적극 능력을 개발하게 되는 것이다. 그리고 자기에게 능력이 부족한 것이 있으면 주위 사람들에게 지혜를 구한다. 성공인들은 열린 마음의 소유자들이기에 도움받는 것을 주저하지 않는다.

스스로를 만능주의자로 생각하는 것은 교만이다. 조직의 경영자가 구성원들을 따돌리며 독선을 하는 것은 리더가 아니다. 조직의 모든 이해관계자와 지식을 교환하며 지혜를 공유해야 성공하는 경영자가 된다. 어디에서든 성공하는 사람은 절대 슈퍼맨 노릇을 하지 않는다.

성공의 원천은 긍정 에너지

성공에도 신드롬이 있다. 어디에서든 성공을 원치 않는 사람은 없다. 개인 생활에서도 그렇고, 조직생활에서도 그렇다. 우리 사회에서는 그것을 '출세'라고 부른다.

지난 시대 그 출세주의가 우리사회를 지배했다. 그것은 아직도 여전하다. 그것은 사회학자 막스 베버의 얘기대로 자신이 추구해서 이루어야 할 목표라면 수단과 방법을 가리지 않는 행동의 양식이다. 그것이 우리 사회에 연줄이 통하고 뒷거래가 판치는 뿌리 깊은 관행을 낳았다.

이제는 진정한 성공의 가치가 빛을 발하는 시대다. 목적 달성이 중요하지만 그에 못지않게 목적을 달성해가는 과정이 더욱 중요하다. 어떻게 목적을 이루어 나가는지에 대해서도 가치를 두게 되었다. 이러한 인식 변화가 사회 모든 구석구석에서 투명성과 도덕성을 요구하고 있다.

그래서 지금은 사회 모든 분야의 리더들에게 엄격한 자질 기준을 요구한다. 그런가하면 지난 시대 한국 경제성장의 주축이 되어 왔던 재벌 그룹들의 경영에 사회적 준법성과 윤리적 도덕성이 강조되고 있다.

그게 바로 선진적 가치기준, 글로벌 스탠더드다. 우리 사회가 요구하는 글로벌 스탠더드는 그저 입으로만 외치는 지식과 이론이 아니다. 개인이나 조직 생활의 작은 것에서부터 바꾸어 나가는 지혜와 행동의 준거다. 그래야 출세하는 후진사회에서 성공하는 선진사회가 될 것이다.

지금까지 성공의 중요성을 강조해 왔다. 또 성공을 이루기 위해 새 천년 21세기 글로벌 경쟁력이 무엇이고, 그것을 어떻게 갖추어야 할지도 얘기해 왔다. 이제 결론적으로 성공에 대해 다시 한 번 말하려고 한다. 당신은 성공의 비전을 갖고 있는가?

갖고 있다면 일단 당신은 성공을 소유할 수 있는 가능성과 잠재력을 지니고 있는 것이다. 그렇다면 구체적으로 성공의 큰 목표를 'SMART 원칙'에 따라 세워보라.

 SMART 원칙

- Specific : 보다 구체적이고 명확해야 한다.

- Measurable : 체감할 수 있도록 측정이 가능해야 한다.

- Actionable : 실천 우선의 행동 중심적이어야 한다.

- Realistic : 현실성이 있어 실현 가능해야 한다.

- Timely : 노력의 투입이 적시에 이루어져야 한다.

여기에서 명심해야 할 것은 당신의 목표는 충분히 자신의 것이 될 수 있다고 확신하여 밀고 나아갈 수 있는 목표여야 한다. 자신의 것이 될 수도 없는 것을 세워서는 안 된다. 그것은 이루어질 수 있는 꿈이 되는 비전이 아니라 그저 환상일 뿐이다.

목표는 막연히 좇아가는 허황된 꿈이어서는 안 된다. 비전으로 품어야 한다. '비전'은 사전적으로 '장래에 대한 구상, 이상으로서 그리는 구상이나 미래상'을 의미한다. 비전은 한마디로 행하여 이루어질 수 있는 꿈, 곧 'Doable Dream'이다.

성공 비전의 목표는 달성이 되었을 때 자신의 것으로 움켜질 수 있는 것이어야 한다. 그러기 위해 당신의 인생에서 없어서는 안 된다는 확고한 신념과 목적의식이 있어야 한다. 당신이 추구할 수 있는 목표는 오직 당신만이 안다. 그래서 성공의 분량과 색깔은 모든 사람마다 다르다. 성공은 일률적인 잣대로 잴 수 없는 당신만의 가치기준이자 판단이다.

이제 당신의 성공 비전 목표가 세워졌다면 그 목표에 도달할 수 있는 구체적인 '루트맵로드맵'보다 더 구체적인 개념'을 창의력과 지혜를 모두 동원하여 짜라. 당신의 궁극적인 큰 성공 비전의 목표를 이루기 위해 작은 목표들부터 설정하여 차근차근 노력해 나가라.

모든 목표는 현실적이며 실현 가능해야 한다. 성공의 목표 달성은 무에서 유를 창조하는 발명이 아니다. 숨겨진 당신의 무한한 능력, 즉 잠재력을 발견해 내는 것이다.

큰 성공 비전의 목표를 이룩해가는 과정에서 우선 작은 목표들에서 승리하는 것이 중요하다. 그 작은 승리를 쟁취하지 못하면서 큰 성공 비전의 목표를 달성한다는 것은 이치에 맞지 않다.

하나하나 작은 승리들을 얻어가면서 당신은 더욱 더 큰 힘을 공급받게 되어 있다. 그렇게 되면 당신이 평소에 상상하지 못했던 성공을 향한 에너지가 솟구치게 되어 있다.

성공은 어느 한 순간에 이루어지는 것이 아니다. 저 먼 성공의 높은 정상을 정복하기 위해 여러 개의 산봉우리를 넘고 넘어야 한다. 작은 봉우리의 목표부터 승리해 나갈 때 성공 비전 목표의 정상은 당신의 것으로 될 것이다. 작은 성공을 통해 자신감과 신념이 더욱 두터워지고 그것이 당신으로 하여금 결국에 큰 성공의 비전을 실현시키게 된다는 것을 믿어야 된다.

여기에서 명심해야 할 것이 있다. 목표를 크게 잡는다 해서 반드시 높은 정상을 정복해야만 성공이라고 여겨서는 안 된다. 설사 작은 봉우

리에 멈췄더라도 당신이 최선을 다한 결과라면 그것 또한 위대한 성공
이다. 그런 긍정적인 자세가 행복을 가져다준다. 이 책에서 공유하고
자 하는 것은 바로 그런 긍정의 힘을 바탕으로 한 '성공 행복학'이다.

성공 마인드가 되어 있는가? 다음은 성공을 완성하는 지표이자 실천
공식 10가지를 말한다. 확실한 성공모드가 된다.

 성공하는 사람들의 10가지 신드롬

1 성공하는 사람은 항상 좋은 일이 일어날 것 같다는 예감을 갖는다. 따라서 언
제나 긍정적이며 발전적인 말을 한다.

2 성공하는 사람에게는 주위에 예상하지 않은 협력자가 나타난다. 그를 통해
여러 작은 목표들이 승리하는 체험을 하게 된다.

3 성공하는 사람은 남을 이해하는 편에 선다. 의견이 대립되더라도 궁극적으로
는 주위의 공감을 얻어내는 마력을 갖고 있다.

4 성공하는 사람은 주어진 일에 몰입하여 최선을 다한다. 기대한 결과가 나오
지 않더라도 더 좋은 기회가 올 것이라는 믿음을 갖는다.

5 성공하는 사람은 항상 자기계발을 게을리 하지 않는다. 그들에게는 성공이
일확천금이 아니라 끝없는 자기노력의 결정체다.

6 성공하는 사람은 난관에 봉착해서도 큰 생각을 갖는다. 그리고 그 책임에 대
해 사사로이 주변 사람에게 전가시키지 않는다.

7 성공하는 사람은 과욕을 부리지 않는다. 그들이 얻는 부귀와 영화는 이차적
인 산물일 뿐이지 욕심을 부린 결과가 아니다.

8 성공하는 사람은 자기의 정견이 뚜렷하다. 사사로운 친분에 의존하지 않으며 외유내강의 자세를 갖는다.

9 성공하는 사람은 자신만의 좋은 개성이 있다. 그들에게는 남이 모르는 버릇이나, 습관이나, 취미나, 성격이나 기회가 있다.

10 성공하는 사람은 마음의 여유를 갖는다. 화합이나, 인간성과 일의 엄격성, 규칙성을 잘 조화시키는 균형 가치 감각을 갖고 있다.

세종의 '생생지락生生之樂'과 성공가치 사회

조선의 세종대왕이 재위하는 동안 목표로 삼은 것은 '생생지락生生 之樂'이다. 생생지락이란 백성들이 모두 즐겁게 일하며 편안한 생활을 통해 행복을 누려야한다는 뜻의 국정철학으로, 본래 중국『서경書經』 에 나오는 구절이다. 세종이 생생지락을 가장 많이 언급했다는 사실은 『조선왕조실록』을 통해 알 수 있다.

평소 백성을 사랑하는 마음이 극진했던 세종은 이렇게 말했다.

"위에 있는 사람이 성심을 다해 앞장서서 이끌어가고 솔선수범하지 않는다면, 어떻게 백성들로 하여금 부지런히 일에 전념하면서 그 생업 을 즐거워할 수 있겠는가不有上之人誠心迪率 安能使民勤力趨本 以遂其生生之 樂耶."

세종은 생생지락과 함께 '적솔력(迪率力)'을 강조했다. 적솔력은 '지도자가 앞장서서 모범을 보이는 리더십'을 의미한다. 세종의 비전과 철학은 백성들에게 바탕을 두었으며 실제로 모든 정책은 국민을 우선으로 수립했다. 모든 백성이 간절히 원하는 것을 이루었고 나라는 태평성대를 구가하였다. 세종의 위업은 역사에 그대로 기록되고 있다.

수평적 공정사회의 기초부터

백성을 위한 마음경영을 펼쳤던 세종의 시대로부터 600년이 흐른 지금, 대한민국은 한 치 앞을 예측할 수 없는 유위변전有爲變轉의 난국에 처해 있다. 이 어려운 상황을 지혜롭게 극복해 나가야 한다.

현재 우리는 수평적이고 공정한 사회의 기초를 닦는 변곡점이 필요하다. 과거의 패러다임과 가치관으로부터 완전히 탈피하고 새로운 사회문화체계를 바로 세워야 한다. 기존에 있던 가치의 기준에서 벗어나 새로운 대한민국의 미래를 위해 힘써야 할 것이다.

진정한 선진사회는 모든 사회 구성원에게 평등한 대우와 사회적으로 공정하게 참여할 수 있는 기회가 주어지는 체계다. 어떤 계파적, 정파적, 파벌적 기준에 의해 이러한 민주적 가치가 흐트러지고 부당하게 재단되는 과거의 폐단을 척결해야 한다.

현재 글로벌 시대는 분초를 다투는 디지털 경쟁구도 속에 있다. 한국이라는 벽 속에 갇혀 학연, 지연, 혈연으로 얽매여진 폐쇄적인 관행에 빠져 있어서는 안 된다. 이제부터는 세계적으로 폭넓은 사고방식과 글로벌 스탠다드의 행동양식이 필요하다.

출세주의, 과도한 '지위경쟁'

이번 국가적 위기에 앞서 우리 사회는 '출세주의'에 함몰되어 있다. 성공의 기준을 재력, 권력, 명예 등에 두는 풍조가 깊이 스며들어 있기 때문이다. 그 속에서 선진사회의 가치인 '노블리스 오블리주'를 찾아보기 어렵다.

한국의 압축적인 성장 과정에서 등장한 수직적·물질적·전시적 출세주의는 한국사회를 과도한 '지위경쟁'의 투전판으로 내몰았다. 이로 인해 갈등과 대립의 사회구조가 만들어졌다. 우리 사회는 성공의 기준에 도달하기 위해서는 학맥, 연줄, 돈줄을 잡아야 한다는 강박관념이 지배하고 있다. 행복을 절대적인 정신적 체험보다도 상대적인 물질적 소유에서 찾게 된 것이다. 결국 이번 국정농단에서 보여주는 것처럼 권력을 둘러싼 발호는 우리 사회에 만연해 있는 권력, 재력, 명예욕이 빚어낸 폐단의 극치를 보여주었다. 합당치 못한 탐욕이 정상의 상한선을 넘어버린 것이다. 최근 한 고위 공직자가 99%의 국민을 폄하하는 발언은 이러한 사회 구조의 문제점을 단적으로 보여 주었다.

미래에 필요한 '성공'의 새로운 가치관

이제는 성공의 가치 개념을 다시 써 나가야 한다. '출세'가 아닌 '성공'의 새로운 정의가 필요하다. 상위 1%가 누리는 특별한 부류의 출세를 성공으로 재단하는 사고방식을 버려야 한다.

출세出世는 말 그대로 남을 누르고 우뚝 나와 서 있어야 되는 것이다. 여기에서 비롯되는 출세지상주의는 개인적인 가치를 존중하면서 함께 살아가야 하는 공동체정신을 훼손시킨다.

사회의 모든 구성원은 각자의 위치에서 최선을 다하고 보람을 느껴야 한다. 행복감과 성취감을 느끼는 일이 성공의 기준이 되어야 한다. 모두가 생생지락을 이룰 때 그것이 곧 성공의 기준이다. 사회적인 위계나 물질적인 등위로 인간의 가치가 평가되고 구분되는 풍토가 지속된다면 그 사회는 끝없는 불안과 초조감에 시달려야 한다. 이런 형국에서 한국적 잣대의 출세는 있을지 몰라도 참다운 가치의 성공이 존재할 수는 없다.

인간의 가치를 탐구해온 러시아의 문호 막심 고리키는 성공한 사람을 이렇게 정의 내렸다.

"당신의 일이 비록 작은 일이라도 전력을 기울여라. 성공은 자신의 책무에 최선을 다하는 데 있다. 성공한 사람은 자기 자신이 할 수 있는 일을 게을리 하지 않고 꾸준히 해나간 사람들이다."

이제 우리는 그들이 말하는 성공이 사회문화의 기조가 될 수 있도록 해야 한다. 이번 국가적 사태를 계기로 우리 사회는 선진 사회문화시스템이 반드시 필요하다.

이 글은 대한민국이 성공의 가치를 기초로 하는 선진문화사회가 되기를 바라며 저자가 언론에 기고한 내용이다.

긍정으로
성공하라

초판 1쇄 발행   2017년 02월 10일

지은이   이인권

펴낸이   김왕기
편집부   원선화, 이민형, 김한솔
마케팅   임동건
디자인   푸른영토 디자인실

펴낸곳   **(주)푸른영토**
　　　　　주소　　　경기도 고양시 일산동구 장항동 865 코오롱레이크폴리스1차 A동 908호
　　　　　전화　　　(대표)031-925-2327, 070-7477-0386~9 · 팩스 | 031-925-2328
　　　　　등록번호　제2005-24호(2005년 4월 15일)
　　　　　전자우편　blueterritory@naver.com

ISBN 978-89-97348-64-0   13320
ⓒ 이인권, 2017